Dr. Don Gossett

SEI KÜHN
IM GLAUBEN

Verlag C. M. Fliß
Lütt Kollau 17 · D-2000 Hamburg 61

1. Auflage 1987
2. Auflage 1990

Originaltitel: I'm sold on being bold
Übersetzung: Leslie Richford
Umschlag: Studio Cmf-K
Gesamtherstellung: Schönbach-Druck

ISBN 3-922349-38-2

Inhalt

Kapitel 1

Furchtlos wie ein junger Löwe

Als junger Mann wurde ich vielfach von Ängsten geplagt. In meinem ganzen Auftreten war ich zaghaft,
schüchtern und furchtsam. Und doch berief mich der
Herr Jesus in den vollzeitigen Dienst. Er schaffte es,
aus diesem ängstlichen Jungen einen übersprudelnden
Gottesknecht zu machen. Über Jahre hindurch durfte
ich frei von aller Furcht leben, bis ich im Jahre 1976
eine Glaubenskrise durchlebte, die mir wieder einmal
ganz deutlich den Unterschied zwischen einem furcht-
samen, depressiven Lebensstil und dem in der Bibel
verheißenen Überwinderleben zeigte.

Schon seit Jahren hatte ich an der Schläfe einen
Leberfleck in etwa Fingernagelgröße. Jetzt merkte ich
aber, daß sich der Fleck änderte: er wurde größer und
dunkler und sah unwahrscheinlich häßlich aus. Um
nicht abstoßend auf andere zu wirken, gewöhnte ich
mir an, die Haare nach vorne zu kämmen, so daß der
Fleck nicht mehr zu sehen war.

Im Februar des Jahres 1976 bereiteten meine Frau
Joyce und ich eine Evangelisationsreise ins Ausland

vor. Eines Tages, am Frühstückstisch, sagte mein Sohn Donnie stellvertretend für die anderen: ,,Papa, wir machen uns alle Gedanken über dieses Gewächs an deiner Schläfe. Wir möchten, daß du zum Arzt gehst, bevor ihr diese Reise unternehmt."

Ich willigte sofort ein und fuhr am gleichen Nachmittag in die nahegelegene Stadt Surrey in Britisch-Kolumbien, wo ich mich bei einem Arzt anmeldete. Nach einer gründlichen Untersuchung fragte der Arzt: ,,Herr Pfarrer, wann dürfen wir operieren?"

,,Operieren?" fragte ich. ,,Ist es denn wirklich so schlimm?"

Der Arzt antwortete: ,,Sie müssen sich so schnell wie es irgend geht operieren lassen. Allzulange dürfen Sie die Sache nicht hinausschieben!"

Da wir bis zum 1. März noch auf der Evangelisationsreise sein würden, trug er mich für den 4. März ein, indem er mich allerdings warnte, wie gefährlich ein solches Gewächs sein kann. Ich dürfte auf keinen Fall später kommen.

Die Diagnose des Arztes rief in mir allerlei Ängste hervor, so daß ich beim Beginn unserer Reise ganz schön damit zu kämpfen hatte. Um es einmal mit Harold Hill zu sagen: ,,Ich feierte ein Selbstmitleidsfest." Warum sollte so etwas gerade mir passieren? Wieso bin ich denn das Opfer einer so gefährlichen Krankheit geworden?

Eines Tages erwischte ich mich dabei, wie ich in den Spiegel schaute und das Gewächs leicht berührte. Ich erinnerte mich nur zu gut an die Warnung, die der Arzt ausgesprochen hatte. Meine Frau Joyce sah mich dort stehen und sagte: ,,Du hast bestimmt Angst."

,,Ja, Schatz, du hast recht", mußte ich zugeben.

Von der anderen Seite des Zimmers her kam Joyce

auf mich zu, und ich dachte, sie wolle mich ein wenig trösten. Aber weit gefehlt! Sie blieb kurz vor mir stehen, sah mich ganz streng an und sagte: „Schäm' dich!"

„Wieso denn das? Warum, in aller Welt, soll ich mich schämen?" fragte ich.

„Als Prediger des Evangeliums hast du sogar Bücher darüber geschrieben, wie man die Angst überwindet. Und wie oft hast du schon im Rundfunk gepredigt, daß man sich sein ganzes Leben nie fürchten muß? Und dann wagst du es, hier zu stehen und Angst zu haben?"

„Aber, Schatz, diesmal ist die Sache doch ernsthaft..."

Meine Frau wollte jedoch nicht auf mich hören, sondern sie war zu mutigem Handeln entschlossen. Sie sagte: „Don, es gibt drei Möglichkeiten, die wir uns vor Augen halten müssen: 1. Es könnte der Wille Gottes für dich sein, daß du operiert wirst. 2. Vielleicht wird die Operation nicht notwendig sein, denn Gott kann dich ja heilen. 3. Wir dürfen unter keinen Umständen der Furcht Raum geben, denn dann würden wir dem Teufel die Tür weit aufmachen."

Nach diesen mutigen Worten stemmte Joyce ihre Hand gegen meine Brust und gebot dem Geist der Furcht, im Namen Jesu von mir zu weichen. Eine so überraschende Befreiung habe ich noch nie erlebt. Plötzlich verschwand die Furcht, und mir war so, als wäre vorher eine enge Kette um meine Brust gewesen. Aber jetzt konnte ich tief einatmen, ohne mich im geringsten von der Furcht bedrängt zu fühlen!

Im Laufe der nächsten Tage wurde das Gewächs allerdings stets größer und häßlicher. Aber meine Furcht war verschwunden. Der Herr hatte mich ganz und gar von diesen quälenden Furchtgeistern befreit, so daß ich Gott preisen und Sein Wort mutig bekennen konnte. Jetzt wartete ich gespannt auf das Wunder, das Er in meinem Leben tun würde.

Als wir am 1. März nach Hause flogen, berührte ich aus Versehen das Gewächs, und etwa die Hälfte davon fiel in meine Hand! Und während der Nacht zum 4. März geschah ein noch mächtigeres Wunder: Als ich morgens aufstand, streichelte ich die Stelle, wo das Gewächs gewesen war, aber da war nichts mehr vorhanden! Ich rannte sofort zum Spiegel, um zu schauen, was passiert war — und tatsächlich war alles weg! Die Reste dieses häßlichen Dinges fand ich in meinem Bett zwischen den Laken. Voller Freude weckte ich Joyce, um ihr die gute Nachricht zu sagen: ,,Schatz, stell dir mal vor: heute sollte ich operiert werden, aber es ist nichts mehr da zum Schneiden!"

Gemeinsam freuten wir uns darüber, daß der Herr eingegriffen hatte. Dieser 4. März war doch ein wunderschöner Tag geworden!

Am Frühstückstisch konferierte ich mit Joyce und meinem Sohn Michael. Gemeinsam beschlossen wir, daß ich termingerecht ins Krankenhaus gehen sollte. Dabei fragte ich mich: ,,Was soll ich bloß den Ärzten erzählen? So etwas ist mir noch nie passiert!"

Aber Michael hatte keine Zweifel. Er rief mir noch zu, als ich fortfahren wollte: ,,Papa, sag' es den Ärzten so, wie es wirklich geschah!"

Als ich im Krankenhaus ankam, wurde ich von einer Schwester empfangen, die mich in einen Raum brachte, wo ich mich ausziehen sollte. Der Operationssaal mußte erst noch fertig gemacht werden. Während wir zu diesem Raum gingen, sagte ich der Schwester: ,,Sie haben es vielleicht noch gar nicht gemerkt, aber ich habe kein Gewächs mehr."

Erstaunt schaute sie mich an. „Sie haben kein Gewächs mehr? Was ist denn daraus geworden?"

„Der Herr Jesus Christus hat mich vollständig geheilt", antwortete ich und übersprudelte vor Freude.

Als ich den Herrn Jesus erwähnte, bekam es die Krankenschwester mit der Angst zu tun und sagte schnell: „Ich muß sofort die Ärzte holen." Dann eilte sie davon.

Nach wenigen Minuten erschien der erste Arzt, der eine Akte über mich in der Hand hatte. Er untersuchte erst die Akte und dann meinen Kopf! Nachdem er mehrmals von der Akte zu mir und dann wieder auf die Akte geschaut hatte, meinte er, er müsse den anderen Arzt holen. „Der hat sich mehr mit Ihrem Fall beschäftigt als ich."

Ein wenig später kam dann auch der andere Arzt. So recht wollte er nicht glauben, daß Gott ein Wunder in meinem Leben getan hatte. Nachdem er mich eine Weile prüfend angeschaut hatte, fragte er trocken: „Was höre ich für Geschichten darüber, daß Sie ein Wunder an sich vollbracht haben?"

„Nicht ich war es, Herr Doktor. Der Herr Jesus hat es getan. Ihm sei dafür Preis und Ehre!"

Die beiden Ärzte unterhielten sich 20 Minuten lang mit mir, und ich teilte ihnen alles mit, was an mir geschehen war: Wie ich fast dem Geist der Furcht zum Opfer gefallen wäre; wie Joyce für mich gebetet hatte; und wie der Herr drei Tage zuvor angefangen hatte, mich zu heilen. Als ich redete, entspannten sich die Ärzte sichtlich und wurden viel offener.

Nach einer Weile wandte sich der erste Arzt an den zweiten und fragte: „Ob hier wohl die Natur ihren Lauf genommen hat?" Aber der andere Arzt sagte nur: „Was ist denn die Natur?"

Unser Gespräch war bald zu Ende, und die Ärzte schickten mich nach Hause. Sie mußten zugeben, daß sie nichts zu der Heilung beigetragen hatten. Der Herr allein bekam alle Ehre.

Dieses Wunder hat sich nun seit drei Jahren bewährt. Es ist niemals eine einzige Spur von diesem Gewächs wieder erschienen. Immer wieder habe ich dem Herrn gedankt — für die Heilung selbst, aber auch für den Sieg über die Furcht und den anhaltenden Beweis, daß es möglich ist, ein biblisches Überwinderleben zu führen.

Schon vor vielen Jahren hat mir Gott den Auftrag gegeben, Radiobotschaften unter dem Titel „Wer glaubt — wagt" herauszubringen. Mich persönlich haben diese Botschaften immer wieder gestärkt, denn sie ermöglichten es mir, so zu leben, wie es in der Bibel geschrieben steht: „In dem allem überwinden wir weit durch den, der uns geliebt hat" (Römer 8, 37).

Aber was heißt das eigentlich: Überwinden?

Das Überwinderleben ist vor allen Dingen ein wahrhaft erfülltes Leben. „Wer den Sohn hat, der hat das Leben" (1. Johannes 5, 12). Wenn jemand Jesus Christus als Herrn und Heiland annimmt, dann empfängt er das ewige Leben (Johannes 3, 16) und „alles in Fülle" (Johannes 10, 10).

Aber dieses Leben muß in allen Dingen mit der Heiligen Schrift übereinstimmen. Das sagt schon Jesus (Matthäus 4, 4): „Der Mensch lebt nicht vom Brot allein, sondern von jedem Wort, das aus Gottes Mund kommt." In meinen Predigten rufe ich stets dazu auf, nach dem Maßstab des Wortes Gottes zu leben.

Der Herr hat mir gezeigt, daß ich die Notwendigkeit eines furchtlosen Lebens, wie es die Bibel lehrt, betonen soll. Als meine Frau und ich über dieses Thema ein Bibelstudium machten, entdeckten wir eine wunderbare Gottesverheißung — nämlich, daß jeder von uns furchtlos wie ein junger Löwe sein darf! Das steht in Sprüche 28, 1: „Der Gerechte ist furchtlos wie ein junger Löwe."

Wer mag dieser Gerechte wohl sein? Es ist der wiedergeborene Christ! Jeder Christ ist gerecht geworden durch den Glauben an Jesus Christus. Wir haben keine eigene Gerechtigkeit, die vor Gott gelten könnte. Gott aber „hat den, der ohne Sünde war" — Jesus — „für uns zur Sünde gemacht, damit wir in Ihm die Gerechtigkeit werden, die vor Gott gilt" (2. Korinther 5, 21).

Wir sind Gottes Gerechte. Und der Gerechte ist furchtlos wie ein junger Löwe! Wie wirkt sich die Furchtlosigkeit in unserem Leben aus? Ich meine, es sollten folgende vier Eigenschaften im Leben des Christen vorhanden sein: Vertrauen, Tapferkeit, Kühnheit und Wagemut.

Unser *Vertrauen* setzen wir auf Christus und nicht auf uns selbst. Durch dieses Vertrauen werden wir befähigt, mit Paulus zu rufen: „Alles vermag ich durch den, der mich stark macht" (Philipper 4, 13).

Mit *Tapferkeit* beschreiben wir den Glaubensmut, der allen Gerechten der Bibel eigen war. Denken wir nur an Daniel, David, Elia, Abraham, Josua oder Mose. Sie sind längst nicht die einzigen, die uns die Tapferkeit vorgelebt haben.

Mit *Kühnheit* möchte ich die von Gott geschenkte Fähigkeit bezeichnen, sein Leben lang ohne Angst und Furcht zu bleiben. Das entspricht der Verheißung in 2. Timotheus 1, 7: „Denn Gott hat uns nicht den Geist der Furcht gegeben, sondern den Geist der Kraft und der Liebe und der Besonnenheit."

Wagemut meint die Bereitschaft, aufgrund des Wortes Gottes zu handeln. Der Wagemutige unternimmt alles, was Gott ihm gebietet.

Diese vier Eigenschaften gehören sehr eng zusammen. Wer eine davon besitzt, hat meistens auch alle vier. Das ist recht so; denn die Bibel ist voll von Hinweisen darauf, daß Gott uns diese Eigenschaften verleihen will. Er erwartet sogar von uns, daß wir uns nach ihnen ausstrecken. Furchtlosigkeit ist ein Gebot des Herrn: „Fürchte dich nicht, Ich bin mit dir, weiche nicht, denn Ich bin dein Gott..." (Jesaja 41, 10). „Denn so spricht Gott der Herr...: Durch Stillesein und Hoffen würdet ihr stark sein" (Jesaja 30, 15). „Siehe, Ich habe dir geboten, daß du getrost und unverzagt seist. Laß dir nicht grauen und entsetze dich nicht; denn der Herr, dein Gott, ist mit dir in allem, was du tun wirst" (Josua 1, 9).

Mehrere Stellen im 1. Kapitel des Buches Josua zeigen ganz klar, daß Gott ein mutiges Leben von uns fordert und daß wir getrost und unverzagt sein sollen. Unter allen Umständen und trotz allen Widerstandes sollten wir in dem Bewußtsein stark sein, daß alle siegen werden, die diese Wahrheit für sich in Anspruch nehmen. Wer glaubt, wagt es, mit David zu sprechen: „Wenn sich auch ein Heer wider mich lagert, so fürchtet sich dennoch mein Herz nicht; wenn sich Krieg wider mich erhebt, so verlasse ich mich auf Ihn" (Psalm 27, 3).

Im Mai 1967 machte ich eine Rundfahrt durch Israel. Wir besichtigten dabei das Gelände, wo das Heer Sauls den Philistern gegenüber gelagert hatte, und ich mußte über die damalige Situation nachdenken.

Wenn jemals jemand Mut an den Tag gelegt hat, dann war es David. Die ganze israelitische Armee hatte sich von dem Riesen Goliath einschüchtern lassen, gegen den niemand zu kämpfen wagte. In seiner Gegenwart wurden die Stärksten feige, so daß er unbestraft das Volk Israel verspotten konnte. Im ganzen Heer Israels war kein einziger vorhanden, der für die Ehre des Herrn eingetreten wäre.

Doch dann wagte es der junge David, diesen überlegenen Riesen zum Kampf aufzufordern. David wollte kein Feigling sein! Früher hatte er erlebt, wie sein Gott ihm geholfen hatte, Löwen und Bären zu töten, und jetzt besaß er die Eigenschaft, die in dieser Situation am meisten nötig war: den Mut. Mit der Hilfe seines Gottes bezwang David an jenem Tage den Riesen. Wieso konnte er das? Zwei Gründe lassen sich vom Text her feststellen:

1. David glaubte von ganzem Herzen, daß er imstande sein würde, Goliath zu töten. Darum konnte er seine Siegesgewißheit auch vor den Menschen bekennen. Auch wir werden in der Bibel aufgefordert, unseren Glauben vor den Menschen zu bekennen, die Verheißungen Gottes in unserem Munde zu führen und tapfer das Wort des Herrn für uns persönlich in Anspruch zu nehmen.
2. David konnte so mutig sein, weil er im Namen seines Gottes handelte: „Ich aber komme zu dir im Namen des Herrn Zebaot", hatte er dem Riesen verkündigt. Auch unsere Kraft liegt in Seinem Namen! „Der Name des Herrn ist eine feste Burg; der Gerechte läuft dorthin und wird beschirmt" (Sprüche 18, 10).

Der Evangelist Velma Gardner erzählte mir einmal die erstaunliche Geschichte eines Mannes, der in den entmutigendsten Umständen es wagte, Gott zu vertrauen: Während eines fürchterlichen Schneesturms wurde vor Jahren einmal ein geisterfüllter Bauer in seinem Auto eingeschneit. Er befand sich gerade viele Kilometer entfernt von der nächsten Stadt; seine Windschutzscheibe fror zu, und die Scheibenwischer funktionierten überhaupt nicht mehr. Da die Heizung im Wagen sowieso ausgefallen war, fing er an zu verzweifeln.

Es blieb ihm nichts anderes übrig, als zum Herrn zu sagen: ,,Herr, Du weißt, daß ich so weit weg von zu Hause bin. Meine Frau wartet darauf, daß ich mit den Lebensmitteln, die ich eingekauft habe, nach Hause komme. Herr, wenn Du es zuläßt, daß ich hier bleiben muß, werde ich in kürzester Zeit erfrieren. Und meine Frau wird verhungern.'' Nach einem solchen Gebet konnte der Bauer etwas wagen. Er betete weiter: ,,Herr, Du weißt, daß ich vor mir nichts sehen kann, weil alles vereist ist. Aber ich will den Wagen starten! Den Rest überlasse ich Deiner Führung.''

Dieser ernste Christ startete den Wagen und fuhr durch die ländlichen Straßen, obwohl er überhaupt nichts vor sich sehen konnte. Er lenkte den Wagen, so wie er vom Geist Gottes geleitet wurde. Dieses ,,geistliche Radar'' brachte ihn meilenweit voran. Er bog immer dann von der Straße ab, wenn er sich vom Heiligen Geist dazu gedrängt fühlte.

Doch plötzlich blieb der Wagen stehen. Der Bauer schaute zum Zündschlüssel und erkannte, daß der Motor ausgeschaltet worden war. Einen Augenblick machte er sich Sorgen. Dann sprach er wieder mit seinem Herrn: ,,Herr, wir sind noch nicht zu Hause. Du hast mich bis hierher geführt, dafür bin ich dankbar, aber es muß noch weitergehen.''

Er sah kurz zum Fenster hinaus, um festzustellen,

wo er sich befand, und in dem Augenblick rauschte ein D-Zug vorbei, direkt vor seinem Wagen. Der Wagen war vor den Schranken eines Bahnübergangs stehengeblieben! Wenn das nicht so geschehen wäre, wäre er vom Zug erfaßt worden!

Der Mann neigte sofort sein Haupt und betete: „Danke, Herr. Du wußtest wieder einmal besser Bescheid als ich."

Noch einmal startete er den Wagen und fuhr weiter, so daß er etliche Stunden später gesund und munter zu Hause ankommen konnte.

Wer glaubt — wagt! Das ist ein hervorragendes Beispiel für biblischen Glaubensmut. Sogar in den widrigsten Umständen sollen wir fest auf den Herrn vertrauen und im Glauben handeln. „Die vom Volk, die ihren Gott kennen, werden sich ermannen und danach handeln" (Daniel 11, 32). Wer sich von seinem Gott Mut schenken läßt, wird auch im Namen des Herrn handeln.

Folgende Bibelstellen zeigen uns, wie wir im biblischen Sinne mutig sein können. Diese Stellen sollte man auswendig lernen und zu seiner täglichen Speise machen!

„Laß Deine Knechte in aller Unerschrockenheit Dein Wort verkündigen" (Apostelgeschichte 4, 29).

„Wir fanden in unserem Gott den Mut" (1. Thessalonicher 2, 2).

„Laßt uns mit Zuversicht vor den Thron der Gnade treten" (Hebräer 4, 16).

„Naht euch Gott, dann naht Er sich euch" (Jakobus 4, 8).

„Ihr werdet mit Kraft aus der Höhe erfüllt" (Lukas 24, 49).

„Sie wurden alle mit dem Heiligen Geist erfüllt und

verkündigten das Wort Gottes unerschrocken" (Apostelgeschichte 4, 31).

„Ich rede voller Zuversicht" (2. Korinther 7, 4).

„So haben wir nun, liebe Brüder, durch das Blut Jesu die Freiheit zum Eintritt in das Heiligtum" (Hebräer 10, 19).

„Alles vermag ich durch den, der mich stark macht" (Philipper 4, 13).

„Die Freude am Herrn ist eure Stärke" (Nehemia 8, 10).

„Und werdet die Wahrheit erkennen, und die Wahrheit wird euch frei machen" (Johannes 8, 32).

„Und siehe, Er redet frei und öffentlich" (Johannes 7, 26).

„So wie ich sehnlich warte und hoffe, daß ich in keinem Stück zuschanden werde, sondern Christus frei und offen, wie immer so auch jetzt, an meinem Leibe verherrlicht wird, es sei durch Leben oder durch Tod" (Philipper 1, 20).

„Man muß Gott mehr gehorchen als den Menschen" (Apostelgeschichte 5, 29).

„Den Geist löscht nicht aus" (1. Thessalonicher 5, 19).

„Der Gerechte ist furchtlos wie ein junger Löwe" (Sprüche 28, 1).

„Sie sahen aber die Unerschrockenheit von Petrus und Johannes... Und wußten von ihnen, daß sie mit Jesus gewesen waren" (Apostelgeschichte 4, 13).

„Daß wir Zuversicht haben am Tag des Gerichts" (1. Johannes 4, 17).

„Damit mir das rechte Wort gegeben wird, wenn ich rede, und ich freimütig das Geheimnis des Evangeliums verkündigen kann... Daß ich mit Freimut davon rede, wie ich es muß" (Epheser 6, 18—19).

„So dürfen auch wir getrost sagen" (Hebräer 13, 6).

„Paulus und Barnabas aber sprachen frei und offen" (Apostelgeschichte 13, 46).

„Ihr gehört nicht euch selbst. . . . Denn ihr seid teuer erkauft" (1. Korinther 6, 19—20).

Kapitel 2

Warum wir mutig sein dürfen

DER LÖWE JUDAS

Während des zweiten Weltkriegs wurde eine der heftig-
sten Schlachten in Nordfrankreich ausgefochten. Ein
ständiger Hagel von Granaten explodierte mit ohren-
betäubendem Lärm um die Soldaten herum. Aber
plötzlich hörte das Schießen auf, und alles wurde still.
Und mitten in diese Stille hinein ertönte die Musik einer
Geige: ein Atillerist hatte vergessen, sein Radio abzu-
stellen. Die Musik, die so schön über die von Blut ge-
tränkten französischen Felder klang, stammte aus dem
Funkhaus der BBC in London. Es war, als würde
mitten in dieser Todeslandschaft ein Stück Himmel
hörbar.

Genauso kam der Sohn Gottes zu uns. Mitten in die
Welt hinein, die so sehr unter dem Artilleriefeuer des
Teufels — Spannungen, Finsternis, Furcht, Verwir-
rung, Schmerz und Leid — litt, kam Gott zu uns in der
Person Seines Sohnes, des Herrn Jesus Christus. Friede
und Sicherheit wurden offenbar. Die Sonne der Ge-

rechtigkeit ging auf mit Heil unter ihren Flügeln (Maleachi 3, 20).

Jesus kam, als die menschliche Geschichte ihre Ebbe erreicht hatte. Zur Zeit Jesu war der größte Teil der damaligen Welt in der eisernen Knechtschaft Roms gefangen. Die Religion des einzigen wahren Gottes war kraft- und salbungslos; es schien so, als wären die Fenster des Himmels endgültig geschlossen worden. Zu der Zeit wucherte überall der Aberglaube, und die Aktivität der Dämonen hatte einen Höhepunkt erreicht.

Als aber Christus erschien, wandten sich viele von der Macht Roms und des Kaisers weg und dem Herrn Jesus zu. Der mutige Dienst des Sohnes Gottes war in aller Mund. Lahme gingen, Blinde sahen, Stumme redeten, Taube hörten, Dämonen wurden ausgetrieben, Brot wurde vermehrt, Wasser wurde in Wein verwandelt, Stürme wurden gestillt, die Gläubigen wurden mit Freude erfüllt, die Menschen wurden von Engeln heimgesucht.

Den Mut zu diesem gewaltigen Dienst hatte der Herr Jesus, weil Er die Macht Satans im Leben der Menschen erkannt hatte und es wagte, ihm entgegenzutreten. Auch heute wird diese unheimliche böse Macht, die Zweifel, Furcht, Depressionen, Angstzustände und Geisteskrankheiten ins Leben der Menschen bringt, von den Ärzten und Psychologen bekämpft. Aber allein Jesus hat die Antwort auf diese Probleme! Er kam, um die Werke des Teufels zu zerstören. Er, ,,der Löwe aus dem Stamm Juda'', ist uns mutig vorangegangen!

JESUS WAR MUTIG

Als Jesus auf Erden wandelte, sagten die Menschen von Ihm: ,,Er redet frei und öffentlich'' (Johannes 7, 26). Um frei reden zu können, muß man erst im Herzen frei geworden sein: ,,Wovon das Herz voll ist, davon fließt der Mund über'' (Matthäus 12, 34). Jesus war der Mut in Person! Nicht nur Seine Taten, sondern auch Seine Worte waren mutig. Als die Menschen Ihn bedrängten, wich Er nicht zurück, sondern Er wagte es sogar, Seine wahre Identität bekannt zu machen.

Als eines Tages die Juden herumstanden und ihren Stammvater Abraham lobten, schockierte sie Jesus mit Seiner Aussage: ,,Bevor Abraham geboren wurde, bin Ich'' (Johannes 8, 58).

Immer wieder gab sich Jesus als der ICH BIN aus. Allein im Johannesevangelium lesen wir viele solche Aussprüche Jesu: ,,Ich bin das Brot des Lebens'' (Johannes 6, 35). ,,Ich bin das Licht der Welt'' (Johannes 9, 35). ,,Ich bin die Tür'' (Johannes 10, 7). ,,Ich bin die Auferstehung und das Leben'' (Johannes 11, 25).

Wer diesem Löwen aus dem Stamm Juda nahe blieb, der bekam den gleichen Mut wie Er. ,,Sie sahen aber die Unerschrockenheit von Petrus und Johannes ... Und wußten von ihnen, daß sie mit Jesus gewesen waren'' (Apostelgeschichte 4, 13).

Biblischer Glaubensmut hat nichts zu tun mit der unheiligen Waghalsigkeit, die wir in der Welt so oft beobachten können. Auch in der Bibel können wir von Männern lesen, die diese unheilige Eigenschaft besaßen. Solche Männer erregten schon damals Anstoß! In Apostelgeschichte 5, 36 lesen wir von einem gewissen Theudas: ,,Er gab vor, etwas Besonderes zu sein. ... Der wurde erschlagen.'' Biblischer Glaube hat nichts mit

Ruhmsucht oder Selbstverherrlichung gemeinsam, denn der gläubige Christ will nicht sich selbst, sondern seinen Herrn Jesus groß machen.

Diese negative Einstellung finden wir auch bei Simon dem Magier, der „vorgab, er wäre etwas Großes" (Apostelgeschichte 8, 9). Und doch wurde er vom Apostel Petrus gedemütigt, als dieser die Gabe der Unterscheidung der Geister betätigte: „Dein Herz ist nicht rechtschaffen vor Gott. Darum tue Buße für diese Bosheit. ... Denn ich sehe, daß du voll bitterer Galle bist und verstrickt in Unrecht" (Apostelgeschichte 8, 21—23). Heute fällt die Heilige Schrift dasselbe Urteil über die Hochmütigen: „Gott widersteht den Hochmütigen, aber den Demütigen gibt Er Gnade" (Jakobus 4, 6).

Jeder, der vorgibt, „etwas Großes zu sein", ist im gleichen Zustand wie damals Simon: sein Herz ist nicht rechtschaffen vor Gott.

Wir kennen alle solche Menschen. Sie sind prahlerisch und nehmen ihren Mund sehr voll, indem sie versuchen, sich selbst in den Mittelpunkt zu stellen. Vielleicht halten sie sich sogar für mutig! Doch hat diese Art von Mut wahrhaft nichts mit der christlichen Eigenschaft zu tun, die wir hier besprechen wollen.

DAS FUNDAMENT

Wir Christen können allein deshalb einen mutigen Wandel führen, weil Jesus uns vorangegangen ist: „Denn wie Er ist, so sind auch wir in dieser Welt" (1. Johannes 4, 17). Das Wort Gottes zeigt uns, daß wir allein in Christus Freimut haben, „durch den wir freimütig zu Gott kommen dürfen" (Epheser 3, 12). Diesen Freimut hat Christus durch Sein Blut für uns erworben (Hebräer 10, 19).

Weil Jesus, unser Meister, mutig handelte und wandelte, dürfen wir als Seine Nachfolger ebenfalls mutig sein in unserem Wandel. Wir müssen es uns zum Bewußtsein bringen, welche Stellung wir in Christus haben; dann können wir das gleiche Vertrauen zu Gott haben wie Er. Erst wenn wir begreifen, welche Rechte wir in Seinem Namen ererbt haben, können wir sie in Anspruch nehmen und mutig im täglichen Leben einsetzen. Wenn du erkennst, was du alles durch Christus kannst, wirst auch du frei und öffentlich davon reden!

BEDENKE, WER DU BIST

König Richard I. von England nannte man „Löwenherz". Er gewann alle seine Schlachten und konnte sein Land zu jeder Zeit erfolgreich verteidigen. Doch griffen ihn eines Tages die vereinigten Heere der anderen europäischen Länder an, und er erlitt eine Niederlage.

Der König hatte einen sehr treuen Diener, der immer neben ihm ritt und bei jeder Eroberung seine herrlichen Taten bewunderte. Bei dieser großen Schlacht wurden aber die Engländer zurückgeschlagen, und König Richard mußte zum ersten Mal in seiner erfolgreichen Karriere zum Rückzug blasen. Als der Diener seinen tapferen, edlen König den Rückzug antreten sah, wurde er von Tränen übermannt. Als er an des Königs Seite ritt, fielen ihm die vielen Schlachten ein, bei denen Richard Löwenherz die Engländer zu erstaunlichen Siegen geführt hatte. Sollten sie dieses eine Mal eine so traurige Niederlage erleben?

Der treue Diener konnte diesen entmutigenden Gedanken nicht ertragen. Man erzählt, daß er direkt auf den König zuritt und ihm ins Ohr rief: „König, *bedenke, wer du bist!"*

Diese Worte drangen in des Königs Herz. Plötzlich gebot er dem Hornisten, zum Vormarsch zu blasen. Mit kühner Strategie wurde der Befehl erlassen: „Vorwärts zum Sieg!"

Wenn wir den Geschichtsbüchern glauben dürfen, wurden an jenem Tage die vereinigten Heere Europas tatsächlich noch geschlagen — weil König Richard gezwungen wurde zu bedenken, wer er war: ein mächtiger Eroberer, ein König, der den Begriff Niederlage überhaupt nicht kannte. Hier entdecken wir das Geheimnis eines siegreichen Glaubenslebens: *Bedenke, wer du bist!* Rechne mit dem Gott, der in dir wohnt! Lies die Bibel, um deine Stellung in Christus zu entdecken.

WELCHE STELLUNG HABEN WIR IN CHRISTUS?

Einer meiner Lieblingssprüche lautet: „Als du die Wiedergeburt empfingst, wurdest du nicht zu einer dauernden Niederlage geboren, sondern um den Sieg zu erringen." Daran darf ich glauben, denn wir lesen in der Bibel: „Aber in dem allem überwinden wir weit durch den, der uns geliebt hat" (Römer 8, 37).

Wir überwinden weit! Wir sind Gottes liebe Kinder, Miterben mit Christus. In Jesus besitzen wir große Reichtümer. Wir sind Erben aller Dinge! Wir Gotteskinder haben den Sinn unseres Daseins entdeckt. Wir sind Reben am lebendigen Weinstock, denn Jesus sagte: „Ich bin der Weinstock, ihr seid die Reben" (Johannes 15, 15). Wir sind ein Tempel des lebendigen Gottes, denn die Bibel sagt: „Wir sind der Tempel des lebendigen Gottes; wie denn Gott spricht: »Ich will unter ihnen wohnen und wandeln und will ihr Gott sein, und sie sollen Mein Volk sein«" (2. Korinther 6, 16).

WAS KÖNNEN WIR IN CHRISTUS TUN?

In Ihm können wir alles tun! Das heißt alles, was in einer bestimmten Situation nötig ist. Der Herr selbst gibt uns die Fähigkeit, alles zu tun, was Er dann von uns verlangt. Darum können wir mit Paulus bekennen: „Alles vermag ich durch den, der mich stark macht" (Philipper 4, 13).

WAS HABEN WIR IN CHRISTUS?

In Ihm haben wir das Leben, das Licht, die Kraft, den Frieden. Unser Mangel wird ausgefüllt nach Seinem Reichtum in Herrlichkeit. „Alles, was zum Leben und zur Frömmigkeit dient, hat uns Seine göttliche Kraft geschenkt" (2. Petrus 1, 3). Ein Christ ist durchaus nicht nur ein Sünder, der Vergebung seiner Sünden erlangt hat! Wir sind Erben Gottes und Miterben Christi. Durch die Wiedergeburt sind wir zur Gemeinschaft mit dem allmächtigen Gott gelangt, „damit ihr dadurch an der göttlichen Natur Anteil bekommt" (2. Petrus 1, 4). Auch heute dürfen wir singen und jauchzen und fröhlich sein, wenn wir erkannt haben, was es wirklich heißt, ein Gotteskind zu sein!

Bedenke mitten in allen Kämpfen dieses Lebens, wer du bist. Nimm die Niederlage nicht hin. Vielleicht steht dir gerade jetzt eine große Niederlage bevor. Finde dich nicht damit ab, sondern sei mutig. Gib du jetzt auch das Signal zum Vormarsch: „Vorwärts zum Sieg!" Du überwindest weit durch Christus, der in dir wohnt!

SEI MUTIG!

Weil wir in Christus eine so wunderbare Stellung haben, besteht auch jeder Grund, stark, mutig und tapfer zu sein. Wer hat jemals schon durch Furchtsamkeit, Schüchternheit oder gar Minderwertigkeitskomplexe einen Sieg errungen? Ein Gottesmann früherer Zeit prägte den Satz: ,,Sei mutig, und dir werden mächtige Engelheere zu Hilfe eilen.'' Unsere Botschaften über den Glaubensmut wollen keine verschwommenen Theorien anbieten! Vielmehr sind wir wie Paulus ,,voller Zuversicht''. Wir möchten jeden Leser auffordern: Sei mutig! In Christus darfst du Mut haben, wenn du ihn nur in Anspruch nimmst. ,,Da wir nun, Brüder, durch das Blut Jesu Freimut haben'' (Hebräer 10, 19 — Konkordante Übersetzung).

Die Bibel berichtet in Apostelgeschichte 4, 29—31: ,,Und nun, Herr, sieh ihr Drohen an und laß Deine Knechte in aller Unerschrockenheit Dein Wort verkündigen. ...Und als sie so gebetet hatten, erbebte der Ort, an dem sie versammelt waren; und sie wurden alle mit dem Heiligen Geist erfüllt und verkündigten das Wort unerschrocken.''

,,Unerschrockenheit'' ist keine Eigenschaft, die wir Christen per Zufall bekommen. Wir können sie uns auch nicht durch eigene Anstrengung aneignen. Unerschrockenheit als Eigenart gehört vielmehr zum göttlichen Erbteil des Christen. Jesus Christus persönlich hat für uns den Mut und die Unerschrockenheit am Kreuz erworben. Darum darfst du in Ihm unerschrocken sein!

Du darfst die Eigenschaften in Anspruch nehmen, die Christus in dich hineingelegt hat. Einige Leute meinen, ein Christ müsse immer kleinmütig und schüchtern sein und ständig einen unterwürfigen Eindruck machen. Aber wer so denkt, sollte sich einmal mit den Evangelien befassen! Lies einmal die vier Evangelien durch, dann die Apostelgeschichte. Dort kannst du entdecken, wie Jesus immer wieder Seine Jünger auffordert, ihr geistliches Erleben in tatkräftiges Handeln zu verwandeln.

Der Rest dieses Buches möchte dazu dienen, jeden einzelnen Leser zu biblischem Glaubensmut auf jedem Gebiet seines Lebens aufzurufen. Ich möchte zeigen, wie man Glaubensmut im Familienleben, im Zeugendienst, beim Beten, beim Planen seiner Finanzen, im Berufsleben und beim Lobpreis aufweisen kann. Diese Botschaft wurde vor 2000 Jahren von Jesus selbst verkündigt, und Er möchte, daß wir heute darauf hören!

MUTIG — ABER WARUM?

Ich möchte noch etwas darüber sagen, warum ich mich so sehr für das mutige Christenleben einsetze. „Der Gerechte ist furchtlos wie ein junger Löwe" (Sprüche 28, 1). Du und ich — wir sind durch Christus gerecht geworden. Und Gott erwartet von Seinen Gerechten, daß sie furchtlos sein sollen — wie junge Löwen! Ich bin mutig, weil Jesus Christus mutig war: „Siehe, Er redet frei und öffentlich" (Johannes 7, 26). Mutig sein heißt: kühn und zuversichtlich Glaubenstaten zu wagen. Hierin hat Jesus uns ein großes Beispiel gesetzt.

Ich bin mutig, weil diese Eigenschaft die Welt an die Person Jesu erinnert: „Sie sahen aber die Unerschrockenheit von Petrus und Johannes ... und wußten von ihnen, daß sie mit Jesus gewesen waren" (Apostelgeschichte 4, 13).

Ich bin mutig, denn die ersten Christen wollten auch vor allem anderen mutig sein. Diese Christen waren alle schon mit dem Heiligen Geist erfüllt worden; ihnen war der kostbare Name Jesus anvertraut, sie führten das Wort Gottes in ihrem Munde. Und doch hatten sie es nötig zu beten: ,,Herr, ... laß Deine Knechte in aller Unerschrockenheit Dein Wort verkündigen'' (Apostelgeschichte 4, 29).

Ich bin mutig, weil der Heilige Geist mich dazu befähigt. Von den ersten Christen lesen wir: ,,Sie wurden alle mit dem Heiligen Geist erfüllt und verkündigten das Wort Gottes unerschrocken'' (Apostelgeschichte 4, 31). Die Bibel nennt drei Sünden gegen den Heiligen Geist, die von Christen begangen werden können: Ihm widerstreben, Ihn dämpfen, Ihn betrüben. Wenn wir uns vor diesen Sünden hüten und uns Ihm ganz und gar hingeben, wird Er uns mit Glaubensmut beschenken.

Ich bin mutig, weil der mächtige Name Jesus mir Kraft dazu verleiht. Nach Apostelgeschichte 9, 27 predigte Paulus frei und offen im Namen Jesu. ,,Gott hat Ihm den Namen gegeben, der über alle Namen ist'' (Philipper 2, 9). Diesen Namen hat Er uns anvertraut, damit wir ihn gebrauchen. Im Kampf gegen Krankheiten, Dämonen, Ängste, Mängel und finanzielle Sorgen dürfen wir diesen Namen mutig anwenden.

Ich bin mutig, weil auf mutiges Handeln dynamische Ergebnisse folgen. In Apostelgeschichte 13, 46 lesen wir, wie Paulus und Barnabas freimütig wurden (siehe Konkordante Übersetzung). Freimut ist nicht etwa bloß eine Gesinnung, sondern der nötige Ansatz zum mutigen Handeln. Als David vor dem Riesen Goliath stand, hätte es ihm nichts genutzt, freimütig gesinnt zu sein. Aber aus seiner mutigen Gesinnung entsprangen mutige Taten. Bekenne heute, daß du in Jesus Christus freimütig bist!

Ich bin mutig, weil Zeichen und Wunder geschehen, wenn wir das Wort mutig weitersagen: ,,Dennoch blieben sie eine lange Zeit dort und lehrten frei und offen im Vertrauen auf den Herrn, der das Wort Seiner Gnade bezeugte und durch ihre Hände Zeichen und Wunder geschehen ließ.'' Als Petrus und Johannes an die Tür des Tempels kamen, die ,,die Schöne'' heißt, sprachen sie mutige Worte, und der lahme Bettler wurde durch ein göttliches Wunder gesund! Philippus bewies großen Mut, indem er zu den sündigen Samaritern ging — und deshalb wirkte der Herr durch ihn große Wunder (siehe Apostelgeschichte 8).

Kapitel 3

Von Mann zu Mann

Vor einigen Jahren kehrte ich nach einer Evangelisationsreise nach Hause zurück und fand mein Heim voller Löwen! Es waren natürlich keine echten Löwen, sondern kleine Kunststofflöwen, die meine Frau an verschiedene Plätze des Hauses hingestellt hatte.

„Was haben denn die vielen kleinen Löwen zu bedeuten?" fragte ich sie.

Joyce lächelte. „Schatz, ich bin dem Herrn so dankbar für alles, was Er in deinem Leben bewirkt hat, seitdem du deine Vorrechte in Jesus in Anspruch genommen hast. Ich habe die Löwen hingestellt, damit du nicht vergißt, wer du eigentlich bist!"

Sie bezog sich auf das Bibelstudium, das wir gemeinsam betrieben hatten. Der Herr hatte uns für Sprüche 28, 1 die Augen aufgetan: „Der Gottlose flieht, auch wenn niemand ihn jagt; der Gerechte aber ist furchtlos wie ein junger Löwe."

Seit der Zeit kauft Joyce immer wieder solche kleinen Löwen, wenn wir zusammen auf Reisen sind. Freunde haben andere mitgebracht, so daß wir inzwischen eine regelrechte Sammlung davon besitzen. Im Lauf der Jahre bin ich oft durch diese Löwen an die Tatsache erinnert worden, daß ich dem Herrn versprochen habe, ein furchtloses Glaubensleben zu führen.

Doch an jenem Tage, als ich nach Hause kam, sagten mir die Löwen noch etwas sehr Wichtiges. Diese eine Erkenntnis hat mir über Jahre hindurch sehr geholfen: Wer mutig glauben will, muß damit zu Hause anfangen!

Gott möchte, daß wir in unserem Heim eine Zuflucht haben, wo wir Schutz finden können vor den Stürmen und Enttäuschungen des täglichen Lebens. Es war nie Gottes Absicht, daß unser Familienleben durch unsere Selbstsucht und schlechten Launen in Gefahr gebracht werden sollte. Eifersucht, Schmollgeist und Langeweile stammen niemals von Gott!

Deine Familie soll eine Burg sein, wo du für Geist, Leib und Seele Schutz und Erholung findest. Gerade zu Hause solltest du den Sieg über Satan am deutlichsten erleben. Es ist Satan, der Teufel, der die familienzerstörenden Kräfte in unserer Gesellschaft verbreitet; er ist der Urheber von allen Ehescheidungen, von Rebellion, Unglück und Schmerz. Es mag sein, daß du nur ein bescheidenes Haus besitzt, doch kann es durch Gottes Gnade zu einem Palast werden, wo du dich und deine Familie vor Schmutz und Sünde dieser Welt beschützen kannst.

Angesichts der vielen verlockenden Angebote, die die Welt uns heute macht, brauchen wir Christen wahrhaft Mut, wenn wir unser Familienleben nach Gottes Ordnung führen wollen. Aber aus Gottes Wort erfahren wir, daß wir ein Anrecht auf ein gesundes, glückliches Eheleben haben. Es ist unser gutes Recht, einen Ehepartner zu haben, der uns liebt und für uns sorgt.

Wir dürfen sogar erwarten, daß uns unsere Kinder gehorchen und ehren. Jedoch müssen wir unbedingt,
wenn wir diese Ziele erreichen wollen, eine feste Entscheidung treffen, in allen Dingen dem Plan Gottes zu
folgen. Fast alle Briefe, die ich bekomme, reden von
zerstörten Ehen oder Familien, die nicht bestehen
konnten, weil sie diese Grundlage nicht besaßen. Deswegen müssen wir auf Gottes Wort hören, das uns zeigen will, wie wir unsere Familien vor den Angriffen
Satans bewahren können.

Sogar in gläubigen Kreisen findet man viele Familien, die auf einem falschen Fundament gebaut haben.
Bei ihnen heißt das Fundament: Egoismus. Ich möchte
in diesem Kapitel ein sehr offenes Wort an meine Brüder in Christo richten.

Wenn ich die Bibel recht verstehe, dann verlangt
Gott sehr viel von uns Männern. Uns hat Er zum
Haupt der Familie eingesetzt: ,,Denn der Mann ist das
Haupt der Frau, wie auch Christus das Haupt der Gemeinde ist . . .'' (Epheser 5, 23). Ein Ältester, aber auch
jeder Mann, der Gott wahrhaft dienen möchte, soll seinem eigenen Hause gut vorstehen (1. Timotheus 3, 4).
Darum ist es sehr traurig, daß so viele Männer im Reich
Gottes nicht verstehen, wie sie zu wirksamen Familien-
häuptern werden können. In letzter Zeit mußte ich
diese Botschaft sehr oft predigen, denn der Feind unserer Seelen hat es darauf abgesehen, in unserer Gesellschaft das Familienleben vollends zu vernichten.

EIN MUTIGES WORT
AN ALLE EHEMÄNNER

„Denn der Mann ist das Haupt der Frau, wie auch Christus das Haupt der Gemeinde ist... Ihr Männer, liebt eure Frauen, wie auch Christus die Gemeinde geliebt und sich selbst für sie dahingegeben hat... So sollen auch die Männer ihre Frauen lieben wie ihren eigenen Leib... Darum wird ein Mann Vater und Mutter verlassen, und die zwei werden ein Leib sein" (Epheser 5, 23.25.28.31).

Diese Verse aus der Bibel zeigen uns zwei wichtige Aspekte unserer Rolle als Männer. Zum ersten sollen wir das Haupt unserer Familie sein, der Führer im Hause. Und zum zweiten — was aber genauso wichtig ist — sollen wir unsere Frauen so lieben, wie Christus die Gemeinde liebte. Unsere Liebe zu unseren Frauen sollte so stark sein wie die Liebe, die Jesus Christus erwies, als Er um unseretwillen am Kreuz von Golgatha hing. Ein Mann sollte seine Frau lieben mehr als seine Eltern oder seine Kinder oder sonst irgend jemanden — den Herrn natürlich ausgenommen! So gebietet uns der Herr. Und jeder Ehemann, bei dem es anders aussieht, wird das eines Tages vor Gott verantworten müssen!

Viele Männer haben sich an ihrer Familie schuldig gemacht, weil sie gerade in diesem Punkt Schwäche gezeigt haben: sie haben ihre Frauen nicht über alles andere geliebt. Gerade diesen Fehler erkenne ich sehr oft, denn mein eigener Vater beging ihn früher auch. Mein Vater hatte einen sehr starken Willen, der meiner Mutter sehr viel Schmerz bereitete. Durch seine Untreue und Trunksucht hat er ihr sehr wehgetan. Ich kann wirklich den Herrn dafür preisen, daß sich mein Vater bekehrte, als ich 18 Jahre alt war. Vor dieser Zeit konnte ich aber zur Genüge beobachten, wie er meine Mutter unterdrückte. Schon sehr früh in meinem Leben nahm ich mir vor, anders zu handeln und meine Frau zu lieben, wie es der Herr geboten hat.

Wie sieht es praktisch aus, wenn ich zu Hause dem Herrn mutig folgen will? Heute sind beide, der männliche Chauvinismus sowie die weibliche Emanzipation sehr weit verbreitet. Ein Mann muß sehr stark sein, wenn er trotz dieser Einflüsse von der Welt her seine Frau richtig lieben will. Es kann ihm eigentlich nur dann gelingen, wenn er sich mit Jesu Liebe erfüllen läßt.

Meine Frau und ich studierten gemeinsam ein Buch über die Liebe Jesu von E. W. Kenyon. Dieses Buch half uns weiter und überzeugte uns, daß die Liebe Jesu die Antwort ist auf alle familiären Schwierigkeiten.

Kenyon weist darauf hin, daß nur solche die Liebe Jesu ausleben können, die wirklich von neuem geboren sind. Wenn Jesus durch den Heiligen Geist in unser Leben einzieht, dann bringt Er das Wesen Gottes mit. Weil Gott Liebe ist (1. Johannes 4, 8), wird Seine Liebe zu einem Teil unseres eigenen Wesens, wenn Er wahrhaftig in uns wohnt. Die Bibel sagt: „Die Liebe Gottes ist ausgegossen in unsere Herzen durch den Heiligen Geist, der uns gegeben ist" (Römer 5, 5).

Die Liebe Jesu führt uns zur Opferbereitschaft und Selbsthingabe. Als Jesus in Seinem Fleisch war, verleugnete Er sich selbst, um anderen zu dienen. Jesus zeigte Seine Liebe durch Seine Taten und nicht bloß mit Worten. Weil Er die Kranken liebte, streckte Er Seine Hand aus und heilte sie. Weil Er uns alle so sehr liebte, ging Er für uns ans Kreuz. Solche Liebe sollten wir für unsere Frauen und überhaupt füreinander haben. Die Bibel sagt ausdrücklich: „Ihr Männer, liebt eure

Frauen, wie auch Christus die Gemeinde geliebt und sich selbst für sie dahingegeben hat."

E. W. Kenyon führt dieses Thema weiter aus: „Diese Art Liebe baut Familien auf und schützt sie. Sie ist Gottes Weg, eine Ehe heilig zu halten. Wenn Ehemänner — und auch Ehefrauen — diese Art Liebe üben, wird jedes staatliche Gesetz zum Schutz der Familie überflüssig. ... Wenn diese Art Liebe praktiziert wird, kann es nie vorkommen, daß ein christliches Ehepaar sich scheiden läßt."

Doch lassen sich heute so viele Ehepaare scheiden! Deswegen sollten wir das Gebot Jesu nicht so schnell auf die Seite schieben. Joyce und ich haben Kenyons Ratschläge in unserem eigenen Leben erprobt, und wir wissen daher, daß er recht hat. Auch in unserem Seelsorgedienst hat sich der Rat, so zu lieben wie Jesus, immer hundertprozentig bewährt.

Weil die Bibel sagt, daß der Mann das Haupt der Frau ist, bedeutet das noch lange nicht, daß der Mann in selbstsüchtiger Weise die Frau als seinen Besitz betrachten darf. Der Mann hat als Führer in vielen Situationen die Aufgabe, mit seiner Frau mitzufühlen. Er soll sie lieben und für sie sorgen, so daß beide ihr Leben miteinander teilen können.

Leider werden auch in christlichen Kreisen heute durch die Zunahme an ehelicher Untreue mehr und mehr Ehen geschieden. Man spricht von „freier Liebe" oder sogar vom „Partnertausch". Christen sollten sich mutig zu Wort melden gegen diese satanische List!

Viele Männer und Frauen kommen zu mir in die Seelsorge, weil ihre Ehe wegen Untreue dabei ist zu scheitern. Ich spreche dann nicht nur über die Liebe Jesu mit ihnen, sondern auch über die Furcht des Herrn. Ein Ehemann, der den Herrn fürchtet, wird nicht so leicht in Untreue abdriften. Das Wort aus Hebräer 13, 4 spricht eine ganz klare Sprache: ,,Die Ehe soll bei allen in Ehren gehalten werden, und das Ehebett soll rein bleiben; denn die Unzüchtigen und Ehebrecher wird Gott richten.'' Hier wird denen ein besonderes Gericht angedroht, die die Ehe brechen. Ich weiß nicht, was für eine Strafe solche Menschen treffen wird, aber ich kenne den Herrn zu gut, als daß ich mich selbst dieser Strafe aussetzen wollte! Ich habe das Gericht Gottes über das Leben vieler Männer um dieser Sache willen hereinbrechen sehen, und ich möchte persönlich so etwas nie erleben.

Meine Frau und ich waren mit einem Ehepaar befreundet, das ebenfalls im Dienst für den Herrn stand. Wir hatten oft Gebetsgemeinschaften miteinander und kamen allgemein sehr gut miteinander aus. Um diese Geschichte hier erzählen zu können, gebe ich ihnen andere Namen: Walter und Gisela.

Eines Abends wurde Walter von einem Geschäftsmann und seiner Frau eingeladen. Die Frau war etwa 20 Jahre jünger als Walter und sehr hübsch. Nach diesem ersten Abend versuchte die Frau, so oft wie irgend möglich, mit Walter zusammenzusein. Sie bat ihn um seelsorgerliche Hilfe, traf ihn zum Gebet und lud ihn manchmal auch einfach zum Essen ein. In der ersten Zeit schien alles in Ordnung zu sein, denn meistens war der Ehemann auch dabei. Auch wenn er nicht anwesend sein konnte, wurde sein Name häufig erwähnt. Doch zunehmend verabredeten sich die beiden zu Terminen, wo der Ehemann unmöglich dabei sein konnte. Der Kontakt zu ihr fing an, Walter sehr viel zu bedeuten. Er war ein zu ernster Christ, als daß es ihn auf einmal erwischt hätte, aber die vielen Rendezvous mit dieser Frau mußten schließlich sein Herz beeinflussen. An

35

einem Abend passierte es: ich traf Walter und diese Frau allein in einem Auto an. Sofort wurde mir bange ums Herz, denn ich merkte: Walters Ehe steht vor dem Ruin.

Ich kann hier nicht alles beschreiben, was in den nächsten Monaten vor sich ging. Aber auch andere wurden Zeugen von der Tatsache, daß Walters Ehe und auch sein Dienst für Jesus an der ehebrecherischen Beziehung zu dieser anderen Frau scheiterten.

Eines Tages rief Gisela, Walters Frau, bei uns an. Sie erzählte, daß Walter sie um die Scheidung gebeten hatte. Er würde die andere Frau lieben und sie heiraten wollen. Walter wollte nur noch einmal mit seiner ganzen Familie zusammen zu Abend essen und danach die Scheidungspapiere einreichen. Giselas Herz war gebrochen. Sie bat Joyce und mich, beim geplanten Abendessen dabei zu sein. Sie weinte und flehte uns an, zuzusagen. Wir sollten beten, daß Gott in Seiner Barmherzigkeit etwas unternehmen würde, um Walter zu einer Versöhnung mit seiner Frau zu bewegen. Gisela ihrerseits war bereit, ihm seine Untreue zu vergeben, denn sie wußte, daß Gott das von uns verlangt.

Mit sehr gemischten Gefühlen saßen wir an jenem Abend zusammen um den Tisch. Von Walters Kindern wußte nur die älteste Tochter, daß dies die letzte Familienmahlzeit sein sollte. Weil Walter so oft von zu Hause fort gewesen war, freuten sich die anderen Kinder sehr darüber, daß er endlich wieder zu Hause bei ihnen war. Unter Gebet aßen wir mit der Familie zusammen, unendlich traurig darüber, daß diese wunderbare Ehefrau so niedergeschlagen sein mußte. Walter versuchte, so zu tun, als wäre alles in Ordnung, aber er konnte seine Nervosität nicht verbergen.

Nach der Mahlzeit gingen wir alle zusammen ins Wohnzimmer. Walters einziger Sohn, der sieben Jahre alt war, bestand darauf, auf seines Vaters Knien zu sitzen. Wiederholt umarmte der Junge seinen Vater und drückte ihn fest an sich, und der Heilige Geist benutzte die Liebe dieses kleinen Jungen, um Walters Herz zu erweichen. Vor unser aller Augen sprang Walter von seinem Sitz auf und lief ins Schlafzimmer, wo er sich aufs Bett warf und anfing zu schluchzen.

Wie froh ich bin, daß dies der Anfang einer Heilung war. Walter tat ernsthaft Buße vor Gott über seine Sünde und bat seine Frau demütig um Vergebung. Durch die Kraft des Heiligen Geistes wurde diese Ehe wieder hergestellt. Naturgemäß dauerte es noch einige Zeit, bevor der Schaden ganz behoben werden konnte, doch wurde die Ehe gerettet. Die Familie blieb zusammen. In den Jahren, die inzwischen vergangen sind, ist die Familie in ihrem Herrn gewachsen. Heute sind sie alle mutige Nachfolger Jesu!

Ihr Männer, paßt auf! Ehemann, laß es dir einmal mit aller Deutlichkeit sagen: Deine Frau ist ein Leuchtfeuer Gottes in deinem Leben. Er hat sie dir ganz und gar anvertraut. Sie hat sogar deinen Namen angenommen. Vor der Hochzeit hast du ihr so viel Gutes, so viel Schönes versprochen. Jetzt hast du die Pflicht, dein Versprechen wahr zu machen.

Viele Ehemänner, darunter auch Christen, sind ihren Frauen gegenüber unfair und egoistisch. Sie nehmen alle Liebesdienste, die ihnen ihre Frauen erweisen, als selbstverständlich hin, ohne einmal höflich oder dankbar zu sein. Es fällt ihnen nicht einmal ein, sich einmal für das gute Essen bei ihren Frauen zu bedanken. Ihr Männer, denkt daran, daß auch eure Frauen Miterben Christi sind!

Im ersten Petrusbrief lesen wir: „Desgleichen, ihr Männer, lebt rücksichtsvoll mit euren Frauen zusammen und gebt dem weiblichen Geschlecht als dem schwächeren seine Ehre, damit euer gemeinsames Gebet nicht behindert wird."

Deine Frau braucht dein Verständnis, deinen Respekt und deine Hilfe. Die Bibel nennt sie das schwächere Gefäß, und darum ist es die Pflicht des Mannes, seine Frau zu ermutigen, wenn sie unter dem alltäglichen Ärger, durch die Kinder oder wegen Angriffen Satans, bedrückt ist. Wenn du nicht rücksichtsvoll mit deiner Frau zusammenlebst, werden deine Gebete nicht erhört — so steht es geschrieben!

Ich bin schon seit vielen Jahren verheiratet. Weil mich der Herr als Evangelist berufen hat, bin ich allzuoft von zu Hause fort. Aber trotz der vielen Reisen habe ich mich immer bemüht, meine Frau ganz praktisch zu lieben. Ich versuche, so oft wie irgend möglich Kontakte mit ihr zu haben. Früher, als wir noch finanzielle Not hatten, schrieb ich ihr jeden Tag einen Brief, damit sie wissen konnte, wie sehr ich sie liebhatte. Sie konnte mich nicht immer begleiten, aber so fühlte sie sich doch mit mir im Dienst verbunden. In den letzten Jahren hat uns Gott einen weltweiten Dienst geschenkt. Immer, wenn ich im Ausland bin, rufe ich so oft es geht zu Hause an. Wir wollen weder unser Geld noch unsere Zeit mißbrauchen, aber diese häufigen Anrufe sind wirklich keine Geldverschwendung! Von ganzem Herzen glaube ich, daß es mir als Ehemann und Familienvater obliegt, mich zu jeder Zeit um meine Frau und Familie zu kümmern. Es kann doch niemals richtig sein, daß ein Evangelist irgendwo draußen in der Welt das Evangelium predigt, während seine Frau sich zu Hause allein mit den Problemen abmühen muß, die sie eigentlich gemeinsam bewältigen sollten! Könnte ich ein guter Botschafter des Herrn Jesus sein, wenn ich Seinem Gebot, meine Frau zu lieben und rücksichtsvoll mit ihr zu leben, ungehorsam wäre?

Wie steht es in deiner Ehe? Mag es deine Frau gerne, wenn du sie ab und an überraschst mit irgendeinem Geschenk? Dann sei rücksichtsvoll und bringe ihr mal ein kleines Geschenk nach Hause. Oder vielleicht ißt sie gern gelegentlich im Restaurant? Oder wie wäre es mit ein paar Blumen? Vielleicht wäre es nur nötig, daß du ihr mit den Kindern hilfst. Zeige ihr, daß du sie liebhast! Ehre sie als Miterbin der Gnade des Lebens, denn das gehört zu deinem Amt als Familienoberhaupt. Die Welt da draußen ist verloren, die Menschen sterben dahin, weil sie Jesus Christus nicht kennen; aber du kannst zum Wegweiser werden, indem du dein Familienleben von der Liebe Christi durchdringen läßt. Die Welt sehnt sich danach, solche Liebe zu sehen!

Weil heute so viele Familien kaputt sind, möchte ich ganz deutlich Alarm schlagen. Wir Männer sind für die Einigkeit unserer Familie verantwortlich! Wenn wir Männer diese Verantwortung nicht ernstnehmen, kann Gottes Plan für unser Familienleben nicht in Erfüllung gehen. Wir müssen unser Familienleben in Ordnung bringen, wenn wir wirksam für den Herrn leben wollen!

Im 1. Timotheusbrief weist uns Paulus an, keinen Mann, der seinem eigenen Hause nicht gut vorstehen kann, ins Ältestenamt einzusetzen. Es gibt auch keinen triftigen Grund, warum wir diese Ermahnung nicht auf jeden christlichen Ehemann ausdehen dürften. Welchen Dienst tust du am Leibe Christi? Ob Pastor, ob Ältester, ob Diakon oder Evangelist: Du hast die Pflicht, deinem Hause gut vorzustehen!

Ihr Diener Christi, gebt dem Teufel keinen Raum in eurem Leben! Werdet nicht zu unerträglichen Tyrannen, werdet auch nicht träge, so daß etwa eure Frauen die Leiterschaft übernehmen müßten. Tyrannei und Faulheit sind beides nicht der Wille Gottes, sondern wir sollen mutig sein für unseren Herrn. Sieh es in erster Linie als Dienst für den Herrn an, daß du Leiter deiner Familiengemeinschaft bist. Liebe deine Frau inmitten dieses verkehrten Geschlechts, das nichts von der Liebe Jesu wissen will. Weihe deine ganze Familie dem Herrn und halte mutig daran fest!

KEIN KOMPROMISS

Im Christenleben gibt es keinen Raum für Kompromisse. Weltlicher Sinn und Fleischeslust sind von vornherein ausgeschlossen. Ich kann mich für das Wort der Bibel begeistern, weil es so deutlich ist: Heiligung, Reinheit, Gerechtigkeit, Hingabe — das sind die Eigenschaften, die Gott von uns fordert und in uns bewirken will. Ein Familienhaupt aber hat dafür zu sorgen, daß diese Eigenschaften von seiner ganzen Familie geachtet werden. Wer in der eigenen Familie die Ehre Gottes an erste Stelle setzt, wird besonderen Segen erleben.

Ich möchte jedem Ehemann folgende 15 Bibelstellen mit auf den Weg geben. Sie alle reden von den Segnungen Gottes, die wir in unserem Leben erwarten dürfen:

1. ,,Die Frömmigkeit ist für alles gut und hat die Verheißung dieses und des zukünftigen Lebens" (1. Timotheus 4, 8).
2. ,,Und stellt euch nicht dieser Welt gleich, sondern ändert euch durch Erneuerung eures Sinnes, damit ihr prüfen könnt, was Gottes Wille ist, nämlich

das Gute und Wohlgefällige und Vollkommene"
(Römer 12, 2).

3. „Und der Friede Gottes, der höher ist als alle Vernunft, wird eure Herzen und Gedanken bewahren in Christus Jesus" (Philipper 4, 7).

4. „Naht euch Gott, dann naht Er sich euch. Reinigt eure Hände, ihr Sünder, und heiligt eure Herzen, ihr Zweifler" (Jakobus 4, 8).

5. „Daß Gerechtigkeit vor ihm hergehe und seinen Schritten folge" (Psalm 84, 14).

6. „Wer der Gerechtigkeit und Güte nachjagt, der findet Leben und Ehre" (Sprüche 21, 21).

7. „So spricht der Herr: Tretet hin an die Wege und schauet und fragt nach den Wegen der Vorzeit, welches der gute Weg sei, und wandelt darin, so werdet ihr Ruhe finden für eure Seele" (Jeremia 6, 16).

8. „Wer Gerechtigkeit sät, hat sicheren Lohn" (Sprüche 11, 18).

9. „Denn Du, Herr, segnest die Gerechten, Du deckest sie mit Gnade wie mit einem Schilde" (Psalm 5, 13).

10. „Und es wird dort eine Bahn sein, die der heilige Weg heißen wird" (Jesaja 35, 8).

11. „Ich bin in die Welt gekommen als das Licht, damit jeder, der an mich glaubt, nicht in der Finsternis bleibt" (Johannes 12, 46).

12. „Herr, wer darf weilen in Deinem Zelt? Wer darf wohnen auf Deinem heiligen Berge? Wer untadelig lebt und tut, was recht ist, und die Wahrheit redet von Herzen" (Psalm 15, 1—2).

13. „Denn der Herr ist gerecht und hat Gerechtigkeit lieb. Die Frommen werden schauen sein Angesicht" (Psalm 11, 7).

14. „Denn des Herrn Augen schauen alle Lande, daß
    Er stärke, die mit ganzem Herzen bei Ihm sind"
    (2. Chronik 16, 9).
15. „Ihr Lieben, wenn uns unser Herz nicht verurteilt,
    können wir mit Zuversicht zu Gott kommen"
    (1. Johannes 3, 21).

ZUSAMMENFASSUNG: Wenn du diese Bibelstellen
zum Maßstab deines Familienlebens machst, wirst du
vor Gott ein wohlgefälliger Ehemann und geistliches
Familienoberhaupt sein.

Kapitel 4

Gewöhne einen Knaben an seinen Weg

Vor einiger Zeit erschien in der Zeitschrift „Reader's Digest" ein Artikel mit der Überschrift: „Sind Männer schlechte Väter?" Zwei Wochen lang hatten 300 Jungen aus dem 7. und 8. Schuljahr genau aufgeschrieben, wieviel Zeit ihre Väter mit ihnen verbrachten. Es hatte sich herausgestellt, daß der durchschnittliche Vater im Laufe von einer Woche nur siebeneinhalb Minuten allein mit seinem Sohn verbracht hatte.

Viele Väter, mitunter auch Christen, sind wie Fremde in ihrem eigenen Haus. Wie sieht es in deinem Leben aus? Ich streite dir nicht ab, daß du dich abmühst, um für deine Familie zu sorgen; aber wohnst du eigentlich noch bei deiner Familie? Bist du der geistliche Führer, den deine Familie braucht? Wenn wir Väter nur erkennen würden, wie wenig Zeit wir für unsere Kinder übrig haben! Wie traurig, wenn sich ältere Männer zurückerinnern und — wie der Direktor eines bekannten Colleges — feststellen müssen: „Wenn ich mein Leben noch einmal vor mir hätte, würde ich meinen fünf heranwachsenden Söhnen viel mehr Zeit widmen."

Eines Tages suchte ich den bekannten Jugendarbeiter und Schriftsteller David Wilkerson in seinem Hotel in Vancouver auf. Bruder Wilkerson legte es mir sehr nahe, meine eigene Familie nie zu vernachlässigen. „Meines Erachtens spielen sich gerade in den Prediger- und Missionarsfamilien die größten Tragödien ab. Die Eltern haben sich zum Ziel gesetzt, die ganze Welt zu retten, aber ihre eigenen Kinder haben sie dabei verloren."

König David war ein von Gott gesalbter Führer, aber als Vater versagte er auf fast allen Gebieten. Die Bibel berichtet, daß er wegen des Verhaltens seiner Söhne sehr viele Enttäuschungen hinnehmen mußte.

Eli, der Priester Gottes, wurde von Gott zum Lehrer des Propheten Samuel eingesetzt, aber er wurde wegen seines Versagens als Vater von Gott gerichtet. Seine Sünde: er unterließ es, seine Söhne ihres gottlosen Wandels wegen zu tadeln. Das ganze Haus Elis wurde dadurch zuschanden; seine beiden Söhne mußten an einem einzigen Tag sterben — weil Eli mit seiner Aufgabe als Vater nicht zurechtkam (1. Samuel 2, 12 bis 4, 18). So wichtig ist diese Sache in den Augen unseres Herrn!

Als meine eigenen fünf Kinder noch klein waren und weder Joyce noch ich Disziplin-Probleme hatten, überlegte ich mir, ob es jemals passieren könnte, daß unsere Kinder gegen uns rebellieren würden. „Werden sie eines Tages den Herrn und Seinen Weg verlassen?" war mein Gedanke.

Es wurde mir zum wichtigen Anliegen, daß ich als Vater richtig handeln sollte. Als die Kinder etwas älter waren, spielte ich oft und gern mit ihnen. Ballspiele

44

waren besonders beliebt in unserer Familie! Wir freuten uns aufrichtig an der Gemeinschaft untereinander (das hat sich bis heute nicht geändert!), und wir hatten viel Spaß daran, miteinander zu arbeiten.

Als Vater nahm ich das Vorrecht in Anspruch, viel für meine Kinder zu beten: ,,Herr, bewahre sie vor Unfällen, Gefahren und Krankheiten. Herr, schenke, daß sie eines Tages Dich kennenlernen. Laß sie Dich von ganzem Herzen liebhaben!'' Ich käme mir wie ein Heuchler vor, wenn ich hinausginge, um die Welt zu retten, ohne mich um das Heil meiner eigenen Kinder gekümmert zu haben.

Damals kannte ich schon viele Prediger, die ihre Kinder an die Welt verloren hatten. Angesichts dieser Tatsache brauchte ich dringend eine Basis, die mir den Mut geben würde, meine Kinder in der Furcht des Herrn zu erziehen. Allein das unfehlbare ,,Hersteller-Handbuch'', die Bibel, konnte mir diese Basis geben.

Die Bibel beschreibt uns auch gute Väter. Ein Beispiel hierfür ist Josua, dessen mutiges Bekenntnis auch mir geholfen hat, meinen Standpunkt als gläubiger Vater durchzusetzen. Josua wurde als Leiter durch die heidnischen Praktiken seiner Umwelt in Frage gestellt, aber mit großem Glaubensmut bekannte er: ,,Ich aber und mein Haus wollen dem Herrn dienen'' (Josua 24, 15).

Jedes Familienhaupt hat die Aufgabe, dasselbe Bekenntnis auszusprechen: ,,Ich aber und meine Frau wollen dem Herrn dienen.'' ,,Ich aber und meine Söhne wollen dem Herrn dienen.'' ,,Ich aber und meine Töchter wollen dem Herrn dienen.'' Wir wollen keine Ausnahmen, keine verlorenen Söhne, keine schwarzen Schafe. Wir haben das Anrecht auf hundertprozentiges Heil für die ganze Familie: ,,Glaube an den Herrn Jesus, so wirst du und dein Haus gerettet werden!" (Apostelgeschichte 16, 31). Wir müssen uns dazu in Christo entschließen: „Ich aber und mein Haus wollen dem Herrn dienen."

Ich kenne die Geschichte eines Mannes, der diesen Bibelvers sehr ernst nahm. Bei sich zu Hause im Eßzimmer hatten sie einen Wandspruch hängen: „Ich aber und mein Haus wollen dem Herrn dienen." Aber einer der Söhne dieses Mannes kehrte Jesus den Rücken. Eines Tages rief der Mann diesen Sohn zu sich und sagte folgendes:

„Sohn, ich bin betrübt. Dieser Wandspruch hängt hier seit meiner Hochzeit vor 20 Jahren. Jetzt muß ich ihn herunternehmen."

„Aber warum denn das, Vater?" fragte der Sohn verwirrt.

„Weil ich keine Lügen in meinem Haus dulde", entgegnete der Vater entschlossen. „Der Spruch stimmt nicht mehr. Mein Haus dient nicht mehr dem Herrn. Um deines Lebenswandels willen muß ich den Spruch entfernen. Solange dein Leben nicht mit diesem Bibelvers übereinstimmt, weigere ich mich, ihn weiter hängen zu lassen."

Die feste Entschlossenheit seines Vaters, dem Worte Gottes treu zu bleiben, rührte das Herz des Jungen an, und er sah ein, wie töricht er gewesen war. Kurze Zeit später bekehrte er sich zum Herrn!

Es ist mein sehnlichster Wunsch, daß jeder Ehemann und jeder Vater, der diese Worte liest, es einmal wagen möchte, im Glauben die Worte auszusprechen: „Ich aber und mein Haus *wollen* dem Herrn dienen!"

Charles Haddon Spurgeon sagte einmal folgendes: „Zeigt mir einen liebevollen Ehemann, ein tugendsames Weib, artige Kinder — und ich könnte mit dem

46

schnellsten Pferdegespann ein ganzes Jahr reisen und würde nichts Schöneres finden. Die Familie ist die schönste aller Einrichtungen." Jawohl!

Im Alten Testament lesen wir die Geschichte eines Mannes, der ein wahrhaft gottesfürchtiger Vater war — und außerdem einer der einflußreichsten Männer der Weltgeschichte: Abraham. Hast du dir jemals überlegt, warum Gott sich so dem Abraham anvertrauen konnte? Die Antwort darauf lesen wir in 1. Mose 18, 19: „Denn dazu habe Ich ihn auserkoren, daß er seinen Kindern befehle und seinem Hause nach ihm, daß sie des Herrn Wege halten und tun, was recht und gut ist." Gott wußte, daß Abraham in der Lage sein würde, seine Kinder zu erziehen und zu züchtigen. Ich habe immer versucht, in diesen Dingen Abrahams Beispiel zu folgen. „Gewöhne einen Knaben an seinen Weg, so läßt er auch nicht davon, wenn er alt wird" (Sprüche 22, 6).

Wer ein Kind erziehen will, braucht Liebe, Disziplin und Führerqualitäten. Das Kind muß in aller Sorgfalt unterwiesen werden. Vor allen Dingen muß man mit dem eigenen Leben ein gutes Beispiel setzen. Ein Kind lernt an seinem Vater, was ein rechter Mann ist. Der Vater hat die Pflicht, seine Söhne zu rechten Männern zu erziehen. Seinen Töchtern sollte er ebenfalls vorleben, wie ein guter Mann zu sein hat.

Doch genügt unser gutes Beispiel allein nicht, denn die Bibel lehrt uns, unsere Kinder in der Furcht des Herrn zu züchtigen. „Wer die Rute schont, der haßt seinen Sohn; wer ihn aber lieb hat, der züchtigt ihn beizeiten" (Sprüche 13, 24). „Torheit steckt dem Knaben im Herzen; aber die Rute der Zucht treibt sie ihm aus" (Sprüche 22, 15).

Es ist unerläßlich, daß wir unsere Kinder züchtigen,

wenn sie ungehorsam sind. Züchtigung ist ein Gebot Gottes und kann darum nichts Schädliches sein! „Züchtige deinen Sohn, so wird er dir Freude machen und deine Seele erquicken" (Sprüche 29, 17).

Als mein Sohn Donnie etwa vier Jahre alt war, gingen wir zusammen in einen Supermarkt einkaufen. Dort fiel sein Blick auf einige Spielzeugpistolen, die ihn faszinierten. Er bat mich, sie für ihn zu kaufen, aber ich sagte nein, denn ich wußte genau, er hatte zu Hause schon Spielzeug genug.

Nachdem wir draußen waren und schon ein Stück Weges gegangen waren, merkte ich, daß Donnie unter seinem Hemd etwas versteckt hielt. Ich fragte ihn, was er da wohl habe. Zögernd gab er zur Antwort: „Es sind die Pistolen, die ich haben wollte, Papa."

Sofort erklärte ich Donnie, warum er falsch gehandelt hatte — und dann versohlte ich ihn seines Ungehorsams wegen. Danach ließ ich ihn zum Verkaufsleiter gehen, um die Pistolen zurückzugeben.

Etwa vier Jahre später passierte so etwas noch einmal. Donnie nahm sich etwas von einem Laden mit, ohne zu bezahlen, obwohl er Geld genug dabei gehabt hätte. Er hatte wohl gedacht, es würde keiner merken, denn er stand gerade ganz hinten im Laden in einem Winkel. Aber eine Verkäuferin hat ihn doch erwischt, und nicht lange danach erhielt ich einen Anruf, der mir ein wenig Angst einjagte. Mir kamen Gedanken wie: „Werden solche Situationen für Donnie immer eine Versuchung darstellen? Wird mein Sohn ein Dieb werden?" Doch wußte ich aus dem Worte Gottes, daß die Rute der Zucht ihm diese Torheit aus dem Herzen treiben würde (Sprüche 22, 15). Ich entschloß mich in dieser Situation, fest an das Wort zu glauben.

In solchen Angelegenheiten besteht kein Unterschied

zwischen Pastoren und anderen Christen! Alle müssen nach dem Wort Gottes handeln. Ich erklärte Donnie anhand der Heiligen Schrift, daß es nicht richtig ist, zu stehlen oder ungehorsam zu sein; und dann züchtigte ich ihn, indem ich ihm den Hintern versohlte. Jawohl! Und preist den Herrn, er beging diese Sünde nie wieder in seinem Leben! In den nächsten Jahren ruhte der Segen Gottes auf Donnies Leben, so daß es unsere Seele erquickte, es zu sehen (Sprüche 29, 17).

Wenige Jahre nach diesem Vorfall geschah noch etwas, woran ich mich im Gegensatz zu der vorigen Geschichte sehr gern erinnere. Als Joyce eines Abends den Kindern ihren Gute-Nacht-Kuß gab, bat Donnie sie, für einen kleinen Jungen aus seiner Schule zu beten. Dann erzählte er ihr, was an dem Tag geschehen war:

,,Mama, ein kleiner Junge aus der ersten Klasse" — Donnie war damals in der sechsten — ,,wollte seine Schulsachen in einer Papiertüte nach Hause tragen. Als wir im Schulbus waren, platzte die Tüte auf, so daß alle seine Papiere und Stifte zu Boden fielen und unter die Sitze verschwanden. Er versuchte, alles wieder aufzusammeln, aber die Sachen rutschten ihm immer wieder aus der Hand. Die älteren Jungen haben alle über ihn gelacht und die Sachen zum Teil absichtlich versteckt."

Dann sagte Donnie: ,,Mama, ich schaute diesem kleinen Jungen ins Gesicht, und ihm kullerten zwei große Tränen die Wangen herunter, weil er nicht alles zusammenkriegte. Weil er weinte, haben die anderen Jungen nur noch lauter gelacht."

Meine Frau fragte ihn leise, was er dann gemacht habe. Donnie brach in Tränen aus und sagte: ,,Mama, ich ging auf Hände und Knie, um ihm zu helfen, und als wir zu Hause ankamen, war ich ihm beim Aussteigen behilflich."

Während Donnie dann weiter weinte, betete Joyce leise für den kleinen Jungen und dankte dem Herrn dafür, daß Er unserem Donnie ein so zartbesaitetes, liebevolles Herz geschenkt hatte.

Die Eltern haben immer großen Segen davon, wenn sie beobachten können, wie ihre Anstrengungen bei der Erziehung ihrer Kinder Frucht bringen. Dadurch bestätigt sich ja das Wort Gottes in ihrem Leben!

An diesem Punkt möchte ich aber etwas ganz Wichtiges zu dem allem hinzufügen. Man sollte ein Kind nur dann bestrafen, wenn man das wirklich aus der Liebe Gottes heraus tun kann und weil man den Wunsch hat, das Kind in der Furcht des Herrn zu erziehen. Man sollte ein Kind niemals verhauen, wenn es keinen Anlaß dazu gegeben hat. Einige Eltern vergreifen sich an ihren eigenen Kindern, nur um sich abzureagieren. Das ist nicht biblisch! Wir sollen unsere Kinder züchtigen, damit sie in der Gottesfurcht und in der Liebe aufwachsen. Aber die elterlichen Spannungen sollen nie dadurch gelöst werden, daß wir auf unsere Kinder losschlagen. Eine viel bessere Lösung ist es, eine geisterfüllte Beziehung zum Herrn Jesus Christus zu pflegen!

Die Bibel sagt uns: „Ihr Väter, reizt eure Kinder nicht zum Zorn, sondern erzieht sie in der Zucht und Weisung des Herrn" (Epheser 6, 4). Wir müssen zusehen, daß wir unsere Kinder liebevoll und sanft in der Zucht des Herrn erziehen. Was haben wir davon, wenn wir es ablehnen, unsere Kinder zu züchtigen? „Rute und Tadel gibt Weisheit; aber ein Knabe, sich selbst überlassen, macht seiner Mutter Schande" (Sprüche 29, 15). Es kann sogar gefährlich sein, zu lange zu warten, bevor man züchtigt: „Züchtige deinen Sohn, solange Hoffnung da ist" (Sprüche 19, 18).

50

Es ist eine ernste Sache, von Gott eine Familie anvertraut zu bekommen. Damit schenkt Er uns auch die Pflicht, geistliche Führer und Vorsteher zu sein. Ein Vater muß es wie Abraham wagen, seinen Kindern und seinem Hause nach ihm zu befehlen.

Als ich erkannte, welche große Verantwortung mir Gott übertragen hatte, ging ich sofort ins Gebet und bat den Herrn, mir Kraft und Stärke zu sein. Ich fragte mich, wie ich es jemals schaffen würde, ein guter Vater zu sein, der seine Kinder nicht an die Welt verliert. Aber der Herr sprach ganz deutlich zu mir aus der Heiligen Schrift: ,,Alles vermag ich durch den, der mich stark macht" (Philipper 4, 13). Ja, *alles*.

Ich glaubte dem Wort der Schrift und wagte dieses kühne Bekenntnis: ,,Ich vermag alles durch Christus, der mich stark macht. Mir wird es in Seiner Kraft gelingen, ein guter Vater zu sein. Ich habe die Fähigkeit, meine Kinder in der Zucht des Herrn zu erziehen. Durch Christus vermag ich das alles!"

Ich wurde zuversichtlich, als ich erkannte, daß mir die Heilige Schrift eine so feste Basis gibt. Sie zeigte mir das Beispiel Abrahams und Josuas, sie gab mir die Unterweisung der Sprüche, sie sicherte mir zu, daß ich durch Christus alles vermag!

Das will nicht heißen, daß ich keine Probleme gehabt habe. Gott hat mir zwei Söhne und drei Töchter geschenkt — aber keine Engel! Es waren Zeiten, wo sie rebellisch und ungehorsam waren. Aber in der Kraft, die Christus uns gab, sind wir mit diesen Situationen gut fertig geworden. Als der geistliche Führer unserer Familie mußte ich lernen, vor Gott im Gebet zu stehen und gegen den Satan zu kämpfen, damit meine Kinder nach Leib, Seele und Geist Heil und Heilung empfangen konnten. Meine Frau stand mir immer treu zur

Seite, so daß wir mutig die satanischen Kräfte überwanden, die unsere Familie zerstören wollten.

Gewiß haben wir auf dem Wege Fehler gemacht. Aber unser Vertrauen in das Wort Gottes ließ uns lernen, was es heißt, unsere Kinder in der Zucht und Weisung des Herrn zu erziehen. Preis sei dem Herrn, ich darf berichten, daß unsere Kinder, die jetzt alle schon erwachsen sind, ohne Ausnahme den Herrn von ganzem Herzen lieb haben. Die beiden Jungen, Donnie und Michael, dienen dem Herrn mit ihrer Musik. Unsere älteste Tochter Judy singt auf Konzerten mit der bekannten Gospelsängerin Reba Rambo. Die zweite Tochter, Jeanne Michel, arbeitet bei uns im Büro; und Marisa, unserer Jüngste, besucht zur Zeit eine Bibelschule.

Ich danke dem Herrn, daß meine Kinder alle ihre Eltern respektieren. Wir haben in Christus ein sehr gutes Verhältnis zueinander. Das ist keine Leistung unsrerseits, derer wir uns rühmen dürften. Wir verdanken es auch keinem „Glücksstern". Es ist Jesus Christus, der uns die Kraft gegeben hat, alles zu schaffen. Er hat es auch möglich gemacht, daß wir unseren Kindern helfen konnten, gefestigte Christen zu werden.

Ihr Väter, wagt Glaubensschritte in Jesus! Ihr vermögt alles durch Seine Kraft.

TIPS FÜR GLÄUBIGE VÄTER

Du bist Gottes Mann in deiner Familie! Ich habe hier einige Tips zusammengestellt, die dir helfen werden, dieser Verantwortung gerecht zu werden:

1. Sei froh in dem Herrn allezeit. Echte Freude überträgt sich viel besser auf unsere Kinder als alles Ermahnen.

2. Verbringe viel Zeit bei deinen Kindern. Mache es nicht den „Reader's-Digest"-Vätern nach, die wöchentlich nur siebeneinhalb Minuten für ihre Kinder übrig hatten. Spiele mit deinen Kindern, erfreue sie mit deiner Anwesenheit — auch wenn du deine eigene Freizeit dabei einbüßt. Das werden die Kinder zu schätzen wissen.

3. Bringe deinen Kindern bei, Bibelverse auswendig zu lernen. Unterweise sie darin, diesen Versen zu gehorchen. Wenn sie schon von früh auf Gottes Wort im Herzen haben, erhalten sie eine feste Lebensgrundlage, die zum Segen führen wird. Unsere Kinder haben wir schon von Geburt an mit dem Worte Gottes bekannt gemacht.

4. Familienandachten sind die allerschönsten Zeiten, die ihr als Familie zusammen verbringen werdet. Jedenfalls war das in unserer Familie so. Niemals sollte die Familienandacht als etwas Langweiliges empfunden werden, denn das wäre Verrat an der Sache Gottes. Sogar die jüngsten Kinder sollten sich immer auf diese Zeit des gemeinsamen Gebetes freuen.

5. Gib deinen Kindern eine Anleitung zum geisterfüllten Leben. Ermutige sie, mit dem Heiligen Geist erfüllt zu werden und zu bleiben. Wenn sie voll

Heiligen Geistes sind, kann die Liebe zu dieser Welt ihr Herz nie erobern.

6. Mache es deinen Kindern möglich, ihr Leben lang frei von Furcht zu sein, indem du sie immer wieder an die Bibelstelle erinnerst: „Gott hat uns nicht den Geist der Furcht gegeben, sondern den Geist der Kraft und der Liebe und der Besonnenheit" (2. Timotheus 1, 7).

7. Du kannst deinen Kindern helfen, Minderwertigkeitsgefühle zu überwinden, indem du ihr Bewußtsein mit dem Bibelwort prägst: „Nun lebe nicht mehr ich, sondern Christus lebt in mir" (Galater 2, 20).

8. Unterweise deine Kinder im erhörlichen Beten. Wer wirksam beten kann, beherrscht eines der großen Geheimnisse dieses Lebens.

9. Belehre deine Kinder über die Aktivität von Dämonen. Zeige ihnen, wie sie die Kraft Jesu in Anspruch nehmen können, um die Knechtschaft Satans zu überwinden.

10. Bringe deinen Kindern aufs deutlichste bei, daß Jesus Christus der Herr ist, und daß Er in jedem Bereich unseres Lebens Ansprüche stellt. Er ist der Meister über alles, was wir tun und sind!

Kapitel 5

Wer eine Ehefrau gefunden hat . . .

Ein Ehemann und Vater kann eigentlich nur dann mutigen Glauben an den Tag legen, wenn ihm eine Ehefrau und Mutter zur Seite steht. Gott schenkte mir
meine Frau, die Tochter eines Predigers der alten
Schule, als ich noch verhältnismäßig jung war. Ich war
nämlich erst 19 Jahre alt, als wir uns kennenlernten.
Das geschah an einem Mittwochabend nach einem,
von ihrem Vater gehaltenen Gottesdienst. Die Bibel
sagt: ,,Wer eine Ehefrau gefunden hat, der hat etwas
Gutes gefunden und Wohlgefallen erlangt vom Herrn‘‘
(Sprüche 18, 22). 29 Jahre später erlange ich als Vater
und Großvater immer noch Wohlgefallen vom Herrn
durch die Unterstützung und Liebe meiner Frau Joyce.
    Joyce ist mir in all’ den Jahren eine großartige Ge-
hilfin gewesen. Sie ist eine Mitarbeiterin im Herrn. Sie
unterstützt mich auf jede erdenkliche Weise und
machte es mir möglich, der Berufung nachzugehen, die
der Herr mir gegeben hat. Zusammen mit ihr entdeckte
ich die Wahrheit, daß ein Gerechter furchtlos ist wie ein
junger Löwe. Dieser Bibelvers (Sprüche 28, 1) wurde

uns beiden zum Geleitwort, weil wir dadurch erkannten, wer wir in Jesus Christus sind. Dank sei dem
Löwen von Juda!

Früher reiste Joyce immer mit bei meinen auswärtigen Evangelisationen. Sogar als die ersten Kinder auf
die Welt kamen, reisten wir noch zusammen, soweit
das überhaupt möglich war. Als unser Ältester schulpflichtig wurde, wurde Joyce auch noch zu seiner Leh-
rerin — neben ihrer Rolle als Ehefrau und Mutter.
Somit konnte sie weiter mitreisen, und ihre Hilfe und
Ermutigung waren zu der Zeit ein unschätzbarer Segen
für meinen Dienst.

Als Donnie, unser viertes Kind, schulpflichtig wurde,
mußten wir doch einen festen Wohnsitz finden, damit
alle unsere Kinder eine richtige Schule besuchen konnten. Nach der Zeit war es Joyce nicht mehr möglich, bei
jeder Evangelisation dabei zu sein, aber ich wußte: ich
konnte mich zu jeder Zeit auf ihre Liebe und Gebets-
unterstützung verlassen.

Im Laufe der Jahre durfte ich erkennen, daß Gott
auch durch meine Frau Wegweisung für unseren Dienst
geben kann. Es bedeutet mir viel, daß Joyce so sehr
empfindsam ist für das Reden des Heiligen Geistes. Ich
erinnere mich besonders an eine bestimmte Gelegenheit, wo wir zu einem großen Glaubensschritt geführt
wurden, weil Joyce auf die Stimme Gottes achtete.

In den 50er Jahren führte uns der Herr nach Kanada. Dort evangelisierten wir im großen kanadischen
Flachland, bevor wir dann nach Tulsa im US-Bundes-
staat Oklahoma umzogen. Dort arbeiteten wir mit dem
bekannten Heilungsevangelisten T. L. Osborn zusammen. Im Jahre 1960, nachdem alle unsere Kinder gesund auf die Welt gekommen waren, erlitt meine Frau
eine Fehlgeburt. Sie mußte eine nicht geringe Zeit im

Krankenhaus liegen, um sich zu erholen, und während dieser Zeit suchte sie des Herrn Angesicht, um von Ihm zu hören. Nach einiger Zeit bat sie mich ins Krankenhaus, damit sie mir „eine wichtige Botschaft" mitteilen könne.

„Schatz, Gott ruft uns nach Kanada zurück", sagte sie mit Tränen in den Augen. „Die Menschen dort brauchen dringend unseren Dienst. Wir müssen Pläne für unsere Rückkehr machen."

Ich begann, ernstlich darüber zu beten. Dies war kein leichter Schritt. Joyce und ich stammten beide aus Oklahoma und liebten unsere Heimat sehr. Dort wohnen unsere Freunde und Verwandten. Aber dann sprach Gott zu mir, wie Er auch einst zu Abraham gesprochen hatte: „Geh aus deinem Vaterland und von deiner Verwandtschaft und aus deines Vaters Hause in ein Land, das Ich dir zeigen werde..." (1. Mose 12, 1).

Danach taten Joyce und ich diesen Glaubensschritt und zogen nach Kanada. Inzwischen sind etwa 20 Jahre vergangen, und wir können dankbar sagen, daß der Herr uns gesegnet und uns Gelingen geschenkt hat. Ich bin einfach froh, daß mich meine Frau so tapfer in diesem Dienst unterstützt.

EIN OFFENES WORT VON JOYCE

Den Rest dieses Kapitels überlasse ich meiner Frau Joyce. Sie teilt mit, was es nach ihrer Meinung heißt, als Frau ein mutiges Glaubensleben zu führen:

Es liegt mir sehr am Herzen, über die christliche Familie etwas zu sagen. Gott will, daß wir Christen ein Familienleben führen, bei dem Er Seine Pläne mit uns vollbringen kann. Die Familie soll der Ort sein, wo wir Ruhe, Geborgenheit und geistliches Wachstum finden.

Sie soll eine Hochburg der persönlichen Würde sein. Das entdeckte ich zum ersten Mal, als ich mit 18 Jahren unter Depressionen litt und anfing, das Wort Gottes intensiv zu studieren. Ich dachte damals, ich würde an dieser Depression sterben, denn sie dauerte schon elf Monate an.

Seitdem Don vollzeitig im Dienst steht, habe ich diese Geschichte sehr oft erzählt. Wie anders kann es in der Familie zugehen, wenn wir einmal die Prinzipien des biblischen Glaubenslebens erfaßt haben!

Während meiner depressiven Phase damals habe ich mich immer wieder verzweifelt gefragt: ,,Wozu lebe ich überhaupt?‘‘ Zu der Zeit wußte ich noch nicht, daß jeder Mensch dazu geboren ist, mit dem himmlischen Vater Gemeinschaft zu haben. Das entdeckte ich erst später, als ich gemeinsam mit Don die Bibel studierte. Damals wußte ich nur eines: Wenn ich diese Depression überleben sollte, wollte ich einen Mann finden und eigene kleine Babys bekommen. Ich wollte eine Familie gründen, die frei sein würde von den teuflischen Qualen, die ich zu dem Zeitpunkt durchlitt.

Gott erfüllte mir dann den Wunsch meines Herzens und schenkte mir einen Mann. Nachdem mich der Herr auf wunderbare Weise von den Depressionen geheilt hatte, bat ich Ihn, den für mich vorgesehenen Mann in mein Leben zu bringen. Gott erhörte mich, denn bald darauf lernte ich Don kennen!

Ich glaube von ganzem Herzen, daß der Herr damals mein Leben verschonte und mir meine geistige Gesundheit wiedergab, damit ich für meinen Mann und meine Kinder eine Zufluchtsstätte schaffen konnte. Wie wichtig ist es, die richtige Atmosphäre in unserem Heim zu schaffen! Nur so können wir aus unseren Kindern gefestigte Christen machen.

Inzwischen sind unsere Kinder alle erwachsen, so daß ich frei bin, Don bei seinem Dienst zu helfen. Doch war der Dienst an meiner Familie jahrelang meine Hauptbeschäftigung. Dies kann ich kaum überbetonen. Eine gläubige Frau sollte zuallererst auf den Dienst achten, den Gott ihr in der Familie zu tun gibt. Mein Mann hat so viele verschiedene Dienste getan: Radioandachten, Schrifttum, Seelsorge, Evangelisation. Ich hätte meine Rolle bei diesen Aufgaben in den Vordergrund stellen können; aber für mich kam die Familie zuerst. Das war Gottes Führung für mein Leben.

Es war Gottes Wille, daß ich mich zuerst um meinen Mann und dann um meine Kinder kümmerte. Es war zugleich heilige Pflicht und großes Vorrecht, für ein ausgeglichenes Familienleben innerhalb des Willens Gottes zu sorgen. Weil der Herr mich aus Seinem Wort und durch den Heiligen Geist lehrte, konnte ich mit allen Situationen fertig werden, die in familiärer Hinsicht aufgekommen sind. Ich vermag alles durch den, der mich stark macht.

DIE GLÄUBIGE FRAU

Heute malt uns die Welt ein verwirrtes Bild der Weiblichkeit. Viele Frauen sind innerlich ganz aufgebracht wegen der harten Auseinandersetzung zwischen christlichen und modernen, rebellischen Vorstellungen. Im Buche Ester in der Bibel lesen wir von einer ähnlichen Zeit. Gerade für Frauen ist das Buch Ester ungeheuer interessant, denn es zeigt, wie Gott die gläubige Frau schützt und belohnt.

Das Buch Ester schildert aus Gottes Sicht zwei

Frauentypen: Königin Vasti und Königin Ester. Vasti wählt den Weg dieser Welt, den Weg der Rebellion. Ester wählt den Weg der Frömmigkeit, so daß sie kraft ihres Glaubens und ihrer Unterordnung einen großen Lohn empfangen kann.

Die Geschichte der Rebellion Vastis beginnt damit, daß der König Ahasveros ihr gebot, während eines Festes vor ihm zu erscheinen. Der König hatte zwar viel Wein getrunken, doch war er trotzdem Vastis Mann und der König im Lande. Die Heilige Schrift deutet nirgends an, daß er Vasti bat, irgend etwas Unmoralisches zu tun. ,,Aber die Königin Vasti wollte nicht kommen, wie der König durch seine Kämmerer geboten hatte'' (Ester 1, 12). Die weisen Männer am Hofe des Königs merkten, daß ,,diese Tat der Königin allen Frauen bekannt werden'' würde, ,,so daß sie ihre Männer verachten''. Darum wurde Vasti verunehrt und für immer aus des Königs Hof gestoßen.

Welch Unterschied zu der frommen Königin Ester! Diese vertraute auf Gott und hatte ,,einen sanften und stillen Geist'' (1. Petrus 3, 4). Sie hörte auf die Unterweisung ihres Onkels Mardochai und des Kämmerers, der die Aufsicht über sie hatte. ,,Sie begehrte nichts, als was Hegai, des Königs Kämmerer, der Hüter der Frauen, sagte'' (Ester 2, 15). Als Ergebnis ihrer demütigen Einstellung ,,fand Ester Gunst bei allen, die sie sahen'' und ,,sie fand Gnade und Gunst'' bei dem König ,,vor allen Jungfrauen''.

Noch wichtiger war, daß Ester von Gott benutzt wurde, um das ganze Volk Israel zu retten. Als der böse Haman einen Erlaß herausgab, daß alle Juden umgebracht werden sollten, stellte Mardochai fest, daß Ester ,,gerade um dieser Zeit willen'' zur königlichen Würde gelangt war. Mit großem Mut rief Ester unter ihrem

Volk ein dreitägiges Fasten aus und nahte sich danach dem Thron des Königs Ahasveros. An einem orientalischen Hof hätte ihr das den Tod einbringen können, aber sie setzte ihr Vertrauen auf den Herrn, daß Er sie schützen würde. Das Volk wurde tatsächlich gerettet durch ihre Fürbitte, und Ester empfing im ganzen Perserreich große Ehre.

Denke daran, daß es nicht nur uns selbst, sondern auch anderen nützt, wenn wir innerlich und äußerlich das Wort Gottes treu befolgen. Ester war zwar demütig, aber sie wagte etwas im Glauben und wurde zu einer der großen Frauengestalten der Bibel. Im Laufe der Jahrhunderte ist der Name Ester in Ehren geblieben, der Name Vasti jedoch wird nur in Verbindung mit ihrer Rebellion und Schande erwähnt.

Heute sehen wir eine Wiederholung von dieser Rebellion Vastis gegen ihren Mann, denn viele Frauen wenden sich gegen die männliche Autorität und verachten insbesondere ihren eigenen Mann. Es ist ein Geist der Rebellion in unserem Lande ausgebrochen. In der ganzen Welt sind Frauen von diesem antigöttlichen Geist erfaßt worden, so daß Ehemänner und Familienleben darunter leiden. Die weisen Berater des Ahasveros hatten recht: Wenn eine solche Rebellion nicht radikal ausgelöscht wird, verbreitet sie sich wie eine Seuche durch das ganze Land.

Im Namen einer fälschlich so genannten Emanzipation werden Frauen in eine Falle gelockt, so daß sie ihre Familie im Stich lassen und ihren Mann alleine lassen. Aber beim Propheten Jesaja lesen wir: „Wir gingen alle in die Irre wie Schafe, ein jeder (ob Mann oder Frau) sah auf seinen (eigenen) Weg." Wer sich von den biblischen Richtlinien abwendet und auf den Wegen dieser Welt wandelt, begeht eine Missetat vor Gott. Die sogenannte Emanzipation ist nichts anderes als eine Knechtschaft Satans. Durch sie will uns der Teufel betrügen und das Familienleben zerstören!

Ich weiß, daß gläubige Frauen, die den Herrn Jesus Christus persönlich kennen, kaum soweit gehen würden, daß sie ihre Familie sitzen lassen. Aber auch wir, die wir Christen sind, müssen aufpassen, daß der Geist der Unzufriedenheit, der sein Unwesen in der Frauenemanzipationsbewegung treibt, nicht einmal einen winzigen Platz in unserem Herzen finden kann. Die Bibel ermahnt uns, uns mit dem zu begnügen, was wir haben (Philipper 4, 11). Der Geist der Unzufriedenheit kommt nicht vom Herrn!

Es fordert viel Mut, das Wort Gottes bei sich zu Hause walten zu lassen! Eine Frau, die darin treu bleiben will, muß sich fest entschließen, Jesus in allen Bereichen die Herrschaft zu überlassen. Satan macht hinterlistige Angriffe und geht umher „wie ein brüllender Löwe und sucht, wen er verschlingen kann" (1. Petrus 5, 8). Vielleicht versucht er auch dich zu erreichen, indem er andere Frauen in dein Leben schickt, die deine Lebensweise als Sklaverei bezeichnen oder dich zur Eifersucht reizen, indem sie einen falschen Freiheitsbegriff vertreten. Aber allein der Sohn Gottes und Seine Wahrheit können uns freimachen (Johannes 8, 32.36). Denke daran, was die Rebellion bei der Königin Vasti bewirkte!

Ihr gläubigen Frauen, wagt einmal, dem Worte eures Gottes zu glauben! Unterstützt eure Männer, erzieht eure Kinder in der Furcht des Herrn. Bemüht euch, einen sanften und stillen Geist zu pflegen, denn das ist Gott wohlgefällig. Dadurch wirst du nicht etwa unfähig werden, im Glauben zu handeln: Denke an Ester, die mächtig von Gott gebraucht wurde. Ihre tapfere Tat rettete das ganze Volk Israel. Solltest du eine geringere Belohnung empfangen als Ester, die vor Gott, ihrem Mann und allen Frauen Achtung fand?

EMANZIPIERT!

Frauen, die Jesus Christus als ihren persönlichen Heiland angenommen haben und Ihn zu ihrem Herrn gemacht haben, sind Kandidaten für ein Leben der totalen Emanzipation!

1. „Wenn euch nun der Sohn frei macht, so seid ihr wirklich frei" (Johannes 8, 36).

2. „Und werdet die Wahrheit erkennen, und die Wahrheit wird euch frei machen" (Johannes 8, 32).

3. „Wenn aber jener, der Geist der Wahrheit, kommen wird, wird Er euch in alle Wahrheit führen" (Johannes 16, 13).

4. „Denn das Gesetz des Geistes, der in Christus Jesus lebendig macht, hat dich frei gemacht von dem Gesetz der Sünde und des Todes" (Römer 8, 2).

5. „Der Herr aber ist der Geist; und wo der Geist des Herrn ist, da ist Freiheit" (2. Korinther 3, 17).

6. „Denn Du hast (unser) drückendes Joch, die Jochstange auf (unserer) Schulter und den Stecken (unseres) Treibers zerbrochen" (Jesaja 9, 4).

7. „Nun aber, da ihr von der Sünde frei und Gottes Knechte geworden seid, bringt ihr Frucht für eure Heiligung, und das führt zum ewigen Leben" (Römer 6, 22).

8. „Der Herr behüte dich vor allem Übel. Er behüte deine Seele. Der Herr behüte deinen Ausgang und

Eingang von nun an bis in Ewigkeit!" (Psalm 121, 7—8).

9. „Er hat mich gesandt, ... zu verkündigen den Gefangenen die Freiheit, den Gebundenen, daß sie frei und ledig sein sollen" (Jesaja 61, 1).

10. „Zur Freiheit hat uns Christus befreit! So steht nun fest und laßt euch nicht wieder unter das Joch der Knechtschaft zwingen" (Galater 5, 1).

ZUSAMMENFASSUNG: Der Herr hat euch frei gemacht, ihr Frauen. Laßt euch nicht wieder unter das Joch der Satansknechtschaft zwingen durch den Betrug, der heute in der Welt von allen Seiten propagiert wird. Jesus hat euch frei gemacht — Sein Wort bürgt dafür!

Kapitel 6

Für Jugendliche

Wir leben im Zeitalter der vielen Zuschauer. Wie oft hast du schon bei einem großen Sportereignis zugeschaut, etwa beim Fußballpokal oder bei der Olympiade? Hast du niemals den Wunsch gehegt, selber einmal dabei zu sein?

Im christlichen Glaubensleben verhält es sich ähnlich: es gibt solche, die zuschauen und solche, die teilnehmen. Jeder von uns, ob Teenager oder Erwachsener, muß entscheiden, auf welcher Seite er stehen möchte. Ich möchte junge Menschen dazu auffordern, sich für eine Teilnahme zu entscheiden!

Leider gibt es in der Christenheit viele junge Menschen, die eine Zuschauerreligion entwickelt haben. Wenige von ihnen wagen es, die eigene Meinung zum Ausdruck zu bringen, und die meisten wollen nicht einmal den anderen zuhören. Und doch ruft uns Jesus zur Teilnahme auf! Jesus war und ist ein Mann der Tat. Er verlangt auch von dir Taten! Gehe nicht auf diese Zuschauermentalität ein, denn der christliche Zuschauer wird zynisch, kaltherzig, furchtsam und geistlich steril.

Bleibe nicht am Rande des Lebens sitzen, sondern laufe mit dem Herrn Jesus Christus in die Arena hinein! Mit Ihm wirst du sicher siegen.

Paul Harvey, ein bekannter amerikanischer Berichterstatter, sagte einmal: „Die Jugend sucht nach einem Führer, einer Fahne, einem Slogan. Heutige junge Menschen wollen entdecken, wer sie eigentlich sind. Sie sind willig, sich für eine gerechte Sache aufzuopfern. Sie brauchen einen Grund zum Leben; sie warten darauf, daß das Christentum ihnen eine Antwort gibt."

Ich bin fest überzeugt, daß unsere Botschaft über das mutige Christenleben ein Panier ist, um das sich die Jugend sammeln kann. Der Herr Jesus Christus führt Seine Jünger in ein Leben voller Vertrauen, Mut und tapfere Taten. Das müssen junge Menschen erkennen!

Jemand fragt vielleicht: „Wie kommen wir denn dazu, so tapfer zu leben, wie du es sagst? Wie bekommen wir diesen Glauben und diese Freude, die uns bisher gefehlt haben?"

Vor Pfingsten ging es den Jüngern ähnlich. Auch sie waren entmutigt, deprimiert, furchtsam. Sie meinten, sich für alles entschuldigen zu müssen. Aber dann erkannten sie etwas, das ihr ganzes Leben veränderte. Sie erkannten, daß Jesus, ihr Herr, aus den Toten auferstanden war! Er hatte Tod, Hölle und Grab besiegt. Jesus lebt!

Nachdem sie diese Erkenntnis empfangen hatten, warteten sie noch in Jerusalem, bis Jesus sie mit der Macht Seines Heiligen Geistes erfüllte. Erst dann konnten sie im Glauben vorwärts gehen. Für den Herrn Jesus stellten sie diese Welt auf den Kopf! Sie schrieben die schönste Literatur, die es überhaupt gibt: das Neue Testament. Vor ihnen erzitterten Könige und ganze Völker. Sie trieben Dämonen aus und brachten die heilende Kraft Gottes in das Leben der Kranken und Schwachen hinein. Sie wurden zu Überwindern!

Die Jünger wagten es, ihr Leben dem Feuer und der Macht des Heiligen Geistes zu übergeben. Darum konnte Jesus eine geistliche Energie in ihr Leben hineingießen, von der sie vorher nie gewußt hatten, daß es so etwas gibt. Christus verlieh ihnen Kühnheit des Glaubens und ein dynamisches Ziel für ihr Leben.

Dein Glaubensleben wird niemals so wagemutig sein, wenn du Jesus Christus in einen kleinen idealistischen Winkel deines Herzens abschiebst. Christus muß in allen Dingen den ersten Platz einnehmen! Dann wird dein Leben anders! Das ist wahrhaft Siegesleben!

Vor einigen Jahren erreichte in Moskau Rafer Johnson einen Weltrekord beim Zehnkampf. Dieser erstaunliche junge schwarze Läufer hatte wunderbare Einsichten in das Siegesleben. Für die Vereinigten Staaten besiegte er den schnellsten Läufer der Sowjets, Wasily Kusnetzow. Nach diesem Wettkampf bezeugte Rafer: „Drei Dinge sind für einen Sportler unerläßlich. Das erste ist: Bereitsein. Sportler müssen körperlich immer auf dem Höhepunkt stehen. Das zweite: Sie müssen die richtige Einstellung haben. Wer meint, er wird verlieren, hat im Grunde genommen schon verloren. Ein Sportler muß seinen Geist auch trainieren. Es kommt vor, daß Rekorde nur deswegen gebrochen werden, weil ein Sportler sich in die Vorstellung hineindenkt, daß er es schaffen kann. Aber auch wenn ich körperlich und geistig auf der Höhe bin, kann ich meine Fähigkeiten nicht ohne die Hilfe des Herrn voll ausschöpfen. Es ist genauso unerläßlich, geistlich auf der Höhe zu sein!

Das geistliche Training ist auf lange Sicht wichtiger als alles andere, denn geistliches Leben schwindet nicht mit unserer Jugendkraft dahin; Geistliches können wir zu jeder Zeit an andere weitergeben. Ich wurde im 6. Schuljahr Christ und habe seitdem den Herrn Jesus lieb. Er ist der Führer meines Lebens; ohne Ihn wäre ich verloren. Ohne Seine Hilfe hätte ich nie solche Erfolge in der Leichtathletik erzielen können.

In einigen Jahren wird sich niemand mehr an mich erinnern, denn es werden bald andere Weltrekordler aufkommen. Aber wenn ich an diese Zeit zurückdenke, werde ich immer die Leitung des Herrn Jesus Christus erkennen. Ob ich verliere oder siege, ich bin Mitglied der großartigsten Mannschaft, die jemals gebildet wurde: des Teams Jesu!"

Das ist ein Zeugnis aus einem Leben, das für unseren Herrn Frucht bringt.

Sei kein bloßer Zuschauer! Nimm am mutigen Glaubensleben teil. Begib dich um Jesu willen in die Arena des Lebens. Sei für Jesus ein Mann oder eine Frau der Tat!

Es hat nie einen Glaubensmann gegeben, der nicht auf Gottes Wort eingegangen wäre. Du kannst alles tun, wovon Gott sagt, daß du es tun kannst! Betätige darum deinen Glauben. Sei energisch! Liefere jetzt dein Leben dem Herrn Jesus Christus aus!

Junge Menschen werden oft daran gehindert, diese große Entscheidung zu treffen, weil Gleichaltrige dann über sie herziehen. Es kann einem wirklich schwerfallen, anders zu sein und den Spott dieser Welt zu ertragen. Hier fordert das Christenleben echten Mut. Es ist viel leichter, mit dem Strom zu schwimmen als dagegen.

Dazu sagte der Apostel Paulus: ,,Und stellt euch nicht dieser Welt gleich, sondern ändert euch durch Erneuerung eures Sinnes" (Römer 12, 2). Wer sich durch den Kontakt zu Jesus Christus und durch das Ausleben biblischer Prinzipien erneuern läßt, der kann viel leichter gegen die Mächte dieser Welt kämpfen.

In den letzten Jahren hat man sich allerlei beleidigende Namen ausgesucht für solche, die nicht mit der Welt einig gehen wollen, besonders für junge Leute, die keine Drogen nehmen wollen. Diese Namen deuten eigentlich nur auf eines hin: Wir sind anders als die Welt, eigenartig sogar. Das Wort Gottes sagt: ,,Ihr aber seid das auserwählte Geschlecht, die königliche Priesterschaft, das heilige Volk, Gottes eigenes Volk" (1. Petrus 2, 9). In anderen Übersetzungen heißt es: ,,Ein Volk des Eigentums." Die Welt würde dazu sagen: ,,Ein eigentümliches Volk!" Für die Welt sind wir tatsächlich eigentümlich, denn wir haben uns entschieden, uns von den Wegen dieser Welt abzuwenden und geheiligt oder ,,abgesondert" für unseren Herrn zu leben. Der Bibelvers, den ich eben zitierte, sagt weiter: ,,Deshalb sollt ihr die großen Taten dessen verkündigen, der euch aus der Finsternis in Sein wunderbares Licht berufen hat." Sei kühn und mutig: laß dich nicht wieder von der Finsternis einfangen!

Wage einmal, anders zu sein! Wage es, des Teufels Meinung abzulehnen! Akzeptiere den Willen Jesu für dein Leben!

Eines Tages, als Jesus am See Genezareth entlang ging, rief er vier junge Männer zu sich: Petrus, Andreas, Jakobus und Johannes. Sie sollten Ihm nachfolgen. Jesus interessierte sich besonders für junge Männer, die auf das Wagnis eingehen würden, mit Ihm zu wandeln und anders zu sein. Sie sollten Männer werden, die einen dynamischen Glauben hatten.

Als Petrus und Johannes und ihre Brüder ihr blühendes Fischergeschäft verließen, um einem Manne nachzufolgen, der „nicht hatte, wo Er Sein Haupt hinlege", werden die anderen Fischer wohl gedacht haben: Die spinnen! — Denn sie ahnten nicht, daß diese vier Brüder bald zu Menschenfischern werden sollten. Sie ahnten nicht, daß später dieser Petrus Botschaften predigen würde, die Tausende zu Christus, ihrem Messias, führen würden. Sie ahnten nicht, daß Johannes mit seinem Evangelium und der Offenbarung die schönste Literatur aller Zeiten schreiben würde.

Die Welt hat diese Männer „eigentümlich" genannt, aber Jesus nannte sie Seine „Apostel". Ohne Bibelschulausbildung, ohne moderne Transportmöglichkeiten, ohne Radiogeräte und ohne Kirchengebäude haben sie gewagt, diese Welt auf den Kopf zu stellen — und dann wieder richtig auf die Beine! Sie leiteten eine revolutionäre Bewegung ein, die mit zum Zusammenbruch des heidnischen römischen Reiches beitrug; sie bauten selber ein Reich auf, das niemals vergehen wird.

Und wie stand es um den jungen Mann, den wir Paulus nennen? Er besaß die römische Staatsbürgerschaft, er genoß die beste Ausbildung, er war ein geachteter Mann innerhalb seiner Religionsgemeinschaft. Was werden Paulus' damalige Freunde gedacht haben, als er anfing, gerade den Glauben zu predigen, den er kurze Zeit zuvor hatte ausmerzen wollen? Er predigte diesen neuen Glauben sogar vor Königen und Regierungsbeamten. Sie nannten ihn verrückt, aber Jesus hatte einen anderen Namen für ihn bereit: „ein auserwähltes Gefäß".

Welch ein Mensch, dieser Paulus! Gott gebrauchte ihn vor allen anderen, um das Geheimnis des mutigen Christenlebens zu erklären. Lies einmal seine Briefe an die Römer, die Epheser, die Philipper oder an den jungen Timotheus: sie strahlen regelrecht Mut und Furcht-losigkeit aus, sie reden von Sieg und Eroberung!

Paulus ertrug Schläge, Gefängnisaufenthalte, den Schiffbruch, ja, jede Art von Hindernis und Gegner-schaft. Aber er wagte so viel, daß niemand ihn aufhal-ten konnte. Gott war für ihn, denn er stand auf Gottes Seite. Er war Soldat in des Herrn Armee!

Betrachte einmal den Paulus, wie er an Deck eines brüchigen Schiffes steht und mutig ruft: ,,Darum, liebe Männer, seid unverzagt, *denn ich glaube Gott!*'' (Apo-stelgeschichte 27, 25).

Wagst du es, wie Paulus zu sein? In seinem Alter konnte Paulus einem jüngeren Christen bezeugen: ,,Ich habe einen guten Kampf gekämpft, ich habe den Lauf vollendet, ich habe Glauben gehalten; nun liegt für mich die Krone der Gerechtigkeit bereit, die mir der Herr, der gerechte Richter, am Jüngsten Tage geben wird, aber nicht nur mir, sondern auch allen, die Seine Wiederkunft liebhaben'' (2. Timotheus 4, 7—8).

Wie steht es um dich, junger Freund? Hast du den Mut, den Spott zu ertragen, der von solchen auf dich geschüttet wird, die keine Ahnung von den wahren Werten dieses Lebens haben? Willst auch du stark wer-den, um als Menschenfischer für Jesus zu arbeiten?

Nur du allein kannst auf diese Frage eine Antwort geben! Wenn du dazu ja sagst, wirst du sicher mehr als ein Überwinder durch unseren mächtigen Herrn Jesus Christus, der sich stellvertretend für dich opferte. Er will dir zurufen: ,,Denn der in euch ist, ist größer als der, der in der Welt ist'' (1. Johannes 4, 4). Gott hat noch Größeres mit dir vor! Du sollst ein noch erfüllte-res Leben bekommen! Dein Leben wird von mutigem, unerschütterlichem Glauben gekennzeichnet sein!

Christus sagt dir, daß Er immer bei dir sein wird —

bis ans Ende der Welt. Du darfst es wagen, mit dem Apostel Paulus zu sprechen: „Ich vermag alles durch den, der mich stark macht" (Philipper 4, 13). Ich weiß, daß dies stimmt, denn ich habe es schon so oft in meinem eigenen Leben erprobt und erfahren!

Ich war erst 22 Jahre alt, als mir der Herr das Geheimnis des mutigen Christenlebens beibrachte. Zu der Zeit diente ich als Hilfsevangelist bei William Freeman. Eines Tages wurde ich gebeten, in der Nachmittagsversammlung bei einer Zeltkampagne zu sprechen, dann sollte ich am Abend die Leitung übernehmen. Bob Wiberg aus Indiana sollte den musikalischen Teil übernehmen. Als der Abend herbeikam, strömten die Menschen zu Tausenden in das Zelt hinein; während der Organist passende Musik spielte, suchten die Gottesdienstbesucher ihre Plätze auf. Etwa 15 Minuten vor dem offiziellen Beginn der Versammlung fing ich an, mich ängstlich nach Bob Wiberg umzuschauen, denn er war anscheinend noch nicht angekommen. Fünf Minuten später ging ich hinter die Bühne, um mich zu erkundigen, ob Bob sich etwa da aufhalte. Aber er war nirgends zu finden! Fünf Minuten vor Beginn der Versammlung brach ich in Schweiß aus, denn ich konnte unmöglich noch jemanden finden, der für Bob einzuspringen bereit gewesen wäre. Was nun?

Mein ganzes Leben hatte ich mir gewünscht, gut singen zu können. Andere Talente hat mir der Herr wirklich gegeben, aber singen — das kann ich einfach nicht! Und da ich an jenem Abend so nervös war, war meine Stimme womöglich noch schlechter. Aber plötzlich wurde mir bewußt, daß ich gar keine andere Wahl mehr hatte. Ich würde nach der Eröffnung des Gottesdienstes auch den Gesang leiten müssen! Ich betete schnell, dann bekannte ich mutig: „Ich vermag alles durch den, der mich stark macht" (Philipper 4, 13). Dieser Vers hat mir in vielen ähnlichen Situationen geholfen. Es lag mir als jungem Mann sehr viel daran, daß mein Leben mit diesem Bibelvers im Einklang stehen sollte. Laut sprach ich dieses Wort mehrmals hintereinander, dann stieg ich auf die Bühne, um den Gottesdienst zu eröffnen. Und tatsächlich habe ich es geschafft, diese riesige Menschenmenge 15 bis 20 Minuten lang im Gesang zu leiten!

Aus irgendeinem Grunde ist Bob Wiberg zu dieser Evangelisation nie erschienen. Fünf ganze Wochen lang mußte ich jeden Tag, nachmittags und abends, den Gesangsgottesdienst leiten! Und das wurde für mich zu einem wunderbaren Anfang, denn in den folgenden 25 Jahren durfte ich überall in der Welt solche Gesangsgottesdienste leiten.

Ich bin zwar immer noch kein großer Sänger, aber ich sage nicht mehr: „Das kann ich nicht." „Ich vermag alles durch den, der mich stark macht!" Ich bin nicht anders als jeder junge Mensch, der dem Herrn dienen möchte. Junger Freund, was Gott auch immer von dir verlangt — du kannst es in Seiner Kraft tun!

Wir leben in einer Welt, die um uns her zerfällt. Wenn du ein Siegesleben führen willst, mußt du es dem mächtigen Sieger Jesus Christus erlauben, über dein Leben zu bestimmen. Du wirst nur siegen, wenn du Ihm nachfolgst und nicht auf den Wegen dieser Welt wandelst. Nur der mächtige, siegreiche Herr kann dir Mut schenken und dein Leben ausfüllen. Er ist die Antwort auf alle deine Probleme. Laß Ihn doch in dein Herz hineinziehen, damit Er auch dir Frieden, Freude, Kraft, Sieg und Ausgewogenheit schenken kann! Du hast ein schönes Leben vor dir. Schenke es Jesus! Laß Jesus Christus deinen Herrn und Meister sein!

BEWAHRUNG VOR DER MACHT SATANS

Wir leben in einer Zeit, in der der Teufel mehr als je zuvor wütet, weil er weiß, er hat nicht mehr viel Zeit. Ihr, die ihr jung seid, werdet außerordentliche Kämpfe noch durchzustehen haben. Aber Gott hat euch verheißen, daß Er euch helfen wird, jede Versuchung zu überwinden. Er wird euch vor Satans Macht bewahren!

1. „Aber in dem allem überwinden wir weit durch den, der uns geliebt hat" (Römer 8, 37).

2. „Aber Gott ist treu, der euch nicht über eure Kraft versuchen läßt, sondern mit der Versuchung auch ihr Ende schafft, so daß ihr sie bestehen könnt" (1. Korinther 10, 13).

3. „Der Herr weiß die Frommen aus der Versuchung zu erretten" (2. Petrus 2, 9).

4. „Denn weil Er selber gelitten hat und versucht worden ist, kann Er denen helfen, die versucht werden" (Hebräer 2, 18).

5. „Laß dir an Meiner Gnade genügen; denn Meine Kraft ist in den Schwachen mächtig" (2. Korinther 12, 9).

6. „Ich bitte Dich nicht, sie aus der Welt zu nehmen, sondern sie vor dem Bösen zu bewahren" (Johannes 17, 15).

7. „Seid getrost, Ich habe die Welt überwunden" (Johannes 16, 33).

8. „Denn alles, was aus Gott geboren ist, überwindet die Welt; und unser Glaube ist der Sieg, der die Welt überwunden hat" (1. Johannes 5, 4).

9. „Widersteht dem Teufel, dann flieht er von euch" (Jakobus 4, 7).

10. „Der Gott des Friedens aber wird den Satan unter eure Füße treten in Kürze" (Römer 16, 20).

11. „Denn Er errettet dich vom Strick des Jägers und von der verderblichen Pest" (Psalm 91, 3).

12. „Laß dich nicht vom Bösen überwinden, sondern überwinde das Böse mit Gutem" (Römer 12, 21).

13. „Laßt uns am Bekenntnis der Hoffnung festhalten und nicht wanken; denn treu ist der, der die Verheißung gegeben hat" (Hebräer 10, 23).

14. „So könntest du dein Antlitz aufheben ohne Tadel und würdest fest sein und dich nicht fürchten" (Hiob 11, 15).

15. „Der sich selbst für unsere Sünden dahingegeben hat, um uns von dieser gegenwärtigen, bösen Welt zu erretten" (Galater 1, 4).

16. „Kinder, ihr seid von Gott und habt jene überwunden; denn der in euch ist, ist größer als der, der in der Welt ist" (1. Johannes 4, 4).

ZUSAMMENFASSUNG: Wenn du diese Verheißungen in dich aufnimmst und sie täglich betrachtest, wirst du vor Gottvertrauen überfließen. Man braucht heute viel Mut, um standhaft im Reiche Gottes dienen zu können. Aber du, junger Mann, und du, junges Mädchen — du kannst ein mutiger Gottesstreiter sein!

Kapitel 7

Worte bewirken Wunder

Vor einigen Jahren bot mir Pat Robertson, der in New
York und Virginia fünf Radiosender besitzt, die Mög-
lichkeit an, meine tägliche Radioandacht zum Thema
„Wer glaubt — wagt!" über seine Sender ausstrahlen
zu lassen. Ich nahm das Angebot gern an, und als
Folge davon lernte ich allerlei Menschen in New York,
Virginia und Ontario kennen und schätzen.

Natürlich hatten wir dann an die Organisation von
Pat Robertson Gebühren zu entrichten, und es wurde
dabei manchmal reichlich knapp in unserer Kasse.
Aber im März 1978 kam es für uns zur größten Glaubenskrise. Bis Ende März sollten wir 13 400 US-Dollar
bezahlen, sonst durften wir unser Programm nicht
mehr über diesen Sender ausstrahlen. Zwar kamen
vom 22. bis zum 29. März etwa 8 000 Dollar an Einnah-
men herein, aber es fehlten uns trotzdem noch 5 500
Dollar.

Wir riefen Hunderte von Bekannten und Freunden
in New York und anderswo zum Gebet auf nach dem
Wort aus Philipper 4, 6: „Sorget euch um nichts, son-

dern in allen Dingen laßt eure Bitten in Gebet und Flehen mit Danksagung vor Gott kommen!" Mutig bekannten wir, daß Gott treu ist und darum allen unseren Mangel ausfüllen würde nach Seinem Reichtum in Herrlichkeit in Christus Jesus (Philipper 4, 19). Wir bekannten das Wort Gottes und freuten uns auf das, was Gott tun würde: „Gott aber sei Dank, der uns allezeit den Sieg gibt in Christus" (2. Korinther 2, 14). Mit befestigtem Herzen hielten wir an dem Bekenntnis fest, daß uns Gott auch die fehlenden 5 500 Dollar noch zukommen lassen würde.

Am Abend des 31. 3. 78 durften Joyce und ich die 13 400 Dollar per Eilboten wegschicken. Das war einer der schönsten Augenblicke unseres Lebens! Dadurch, daß wir bekannt hatten: „Gott gibt uns allezeit den Sieg", hatten wir tatsächlich den Sieg errungen!

Wie wichtig sind die Worte, die wir als Christen aussprechen! Ich bin schon seit mehr als 26 Jahren Prediger des Evangeliums, und in der Zeit hat mich Gott vor allem anderen gelehrt, daß die Kraft des gesprochenen Wortes Wunder bewirken kann.

Während meines Dienstes habe ich oft für solche gebetet, die gehörlos waren; viele von diesen Menschen hatten nicht einmal mehr ein Trommelfell. Aber ich legte unerschrocken meinen Finger in ihr Ohr und sagte: „Im Namen Jesu, ihr Geister der Gehörlosigkeit, fahrt aus diesen Ohren! Im mächtigen Namen Jesu gebiete ich, daß diese Ohren wieder normal hören können!"

Das Ergebnis dieser Worte war ein Wunder. Die allermeisten von denen, mit denen ich betete, konnten hinterher sogar das Ticken einer kleinen Armbanduhr hören. Es überwältigt mich, wenn ich daran denke, wie Gott eingegriffen hat. Vollmachtsworte im Namen Jesu tragen schöpferische Kraft in sich! Auf ein Wort hin entsteht in einem Augenblick ganz neue Materie!

Das sollte uns eigentlich nicht überraschen, denn Gott schuf ja das All durch ein *Wort*. Es sind Worte, die uns zur Wiedergeburt in Jesus Christus führen. Wir sind im Grunde genommen das Ergebnis von Worten, die der Allmächtige einmal ausgesprochen hat. Wenn wir jetzt Seine Worte aussprechen, nehmen wir nur die Vollmacht in Anspruch, die Er uns in Christus überlassen hat.

Gottes Wort gibt uns hierin Unterweisung genug: „Laßt uns am Bekenntnis der Hoffnung festhalten und nicht wanken; denn treu ist der, der die Verheißung gegeben hat" (Hebräer 10, 23). Das, was uns der Herr geoffenbart hat, sollten wir „mit Nachdruck" (Titus 3, 8) wiederholen, und somit am Bekenntnis festhalten.

Und welches ist das Bekenntnis? Das Wort „Bekenntnis" hat nicht unbedingt nur mit Schuld- oder Sündenbekenntnis zu tun. In der Bibel wird es in zweierlei Bedeutung gebraucht: Einmal, um das Sündenbekenntnis zu bezeichnen, aber auch in einem viel positiveren Sinn. Diesen positiven Sinn könnte man vielleicht so definieren: „Über eine Sache dasselbe sagen, was Gott selbst schon darüber gesagt hat." Bekennen heißt also: Mit Gott übereinstimmen! Wir halten am Bekenntnis fest, wenn wir das wiederholen, was schon in der Heiligen Schrift geschrieben steht. Dieses Wort der Bibel haben wir so lange zu wiederholen, bis das in Erfüllung geht, worum wir in unserem Herzen geglaubt und gebetet haben. Ich kann nichts von Gott empfangen, ohne es zuerst bekannt zu haben!

Wer die Rechte, die er in Christus Jesus bekommen hat, aus der Heiligen Schrift entdeckt, sollte sie stets im Gedächtnis halten und sie immer wieder aussprechen.

Bezeuge, was du erkannt hast! Unser Glaube wird nur kräftig „in der Erkenntnis all des Guten, das wir haben, zur Ehre Christi" (Philemon 6). Unser Glaube kann nur dadurch wirksam werden, daß wir mit unserem Munde all das Gute bekennen, das wir in Christus haben.

Der Psalmist sagte: „So sollen *sagen,* die erlöst sind durch den Herrn..." (Psalm 107, 2). „Die Dein Heil lieben, laß allewege *sagen:* Hochgelobt sei Gott" (Psalm 70, 5).

Das Heil, das uns in Jesus Christus geschenkt worden ist, gilt für jeden Bereich unseres Lebens: Seele, Leib, Gemüt, Finanzen. Jegliche Knechtschaft der Furcht hat im Namen Jesu zu weichen!

Aber wir sollten mit unseren Lippen diese Wahrheiten immer wieder bekennen. Wir sollen sie ja festhalten, ohne zu wanken. Wer wankt, entzieht sich der Wirkung der göttlichen Verheißungen: „Er bitte aber im Glauben und zweifle nicht; denn wer zweifelt, der gleicht einer Meereswoge, die vom Winde getrieben und hin und her geworfen wird. Ein solcher Mensch denke nicht, daß er etwas von dem Herrn empfangen wird" (Jakobus 1, 6—7).

WAGE ES, GOTTES WORT
IN DEINEM MUNDE ZU FÜHREN!

Laß Gottes Wort zum Maßstab für dein Leben werden. Erziehe dich dazu, Sein Wort in deinem Munde zu führen. Denke nach, bevor du etwas aussprichst. Sage nur solche Dinge, die mit dem Wort Gottes übereinstimmen. Widersprich nicht dem Wort Gottes, denn Gott ist durch Sein Wort am Wirken. Wenn du dieses Wort laut bekennst, steht Gott zu Seinen Verheißungen. Wenn du lernst, Gottes Wort zu bekennen, wird sich vieles in deinem Leben ändern — schneller als du für möglich gehalten hättest! Du entdeckst vor allem, daß auch du an diesem mutigen, frischen Leben aus Gott teilnehmen kannst. Das weiß ich ganz bestimmt, denn ich durfte es in meinem eigenen Dienst so oft erfahren.

Immer wieder freue ich mich, wenn ich daran zu-rückdenke, wie Gott vor einigen Jahren in unserer Afrika-Mission eingriff. Einen Tag vor unserem Ab-flug nach Afrika fehlten uns noch 1 700 Dollar für das Flugticket. Ich hatte schon alles Mögliche versucht, um zu dem nötigen Betrag zu kommen, aber alle meine Mühe war vergeblich gewesen. Ich wußte aber inner-lich, daß ich jetzt standhaft bleiben und erwarten muß, daß Gott irgendwie für mich aufkommt. Immer wieder sprach ich die Verheißung Seines Wortes aus: ,,Mein Gott aber wird all euren Mangel ausfüllen nach Seinem Reichtum in Herrlichkeit in Christus Jesus'' (Philipper 4, 19).

An jenem Morgen im Büro kamen Joyce und ich überein, dem Herrn ganz zu vertrauen. Gerade diesen Schritt hatten wir Tausenden während unseres Dienstes empfohlen; jetzt wollten wir unsere eigenen Ratschläge in die Praxis umsetzen. Wir riefen unser Personal zusammen und ,,Herz und Herz vereint zusammen'' brachten wir unsere Not dem himmlischen Vater dar. Daraufhin hoben wir alle die Hände und priesen den Herrn im voraus für das, was Er tun würde. Zusam-men fingen wir an, das Wort des Herrn zu bekennen, während wir dann weiter unseren täglichen Pflichten nachgingen.

Ich mußte eine Weile vom Büro fort. Während mei-ner Abwesenheit rief ein Mann aus Vancouver in Kanada an und erzählte, Gott habe es ihm aufs Herz gelegt, uns 1 700 Dollar für unser Ticket zu spenden. Das war ein Wunder in unseren Augen! Der Herr hatte diesen Mann dazu bewegt, genau die Summe zu spenden, die wir brauchten! Das kam, weil wir an der einen Quelle schöpften, die uns noch zugänglich war — an der Quelle des Glaubens! Wir hatten Glaubensworte ausgesprochen beim Beten, beim Bekennen, beim Lobpreis — und jetzt erfuhren wir Gottes Antwort darauf: ein Wunder!

Worte, die wir in Übereinstimmung mit dem Worte Gottes aussprechen, bewirken also tatsächlich Wunder. Wir sind keine Automaten oder Roboter, die nicht wählen können, was sie sagen. Wir haben ganz klar die Fähigkeit, darüber zu bestimmen, ob unsere Worte dem Herrn wohlgefällig sind oder nicht. Gott spricht: „Wer Dank opfert, der preiset Mich, und da ist der Weg, daß Ich ihm zeige das Heil Gottes" (Psalm 50, 23). Aufgrund unserer Entscheidung, Gott wohlgefällig zu reden, dürfen wir dieses Heil in jedem Bereich unseres Lebens erfahren.

Vor einigen Jahren fuhren wir nach Israel, wo ich für eine Gruppe Christen als Reiseleiter diente. Nachdem wir Jerusalem verließen und gerade durch Samarien in Richtung Galiläa unterwegs waren, packte mich ein sehr hohes Fieber. Ich fühlte mich natürlich ganz elend und mußte sehr mit mir kämpfen, überhaupt noch weiterzumachen. Eines wußte ich jedoch: ich durfte mit niemandem über mein Fieber reden. Hätte ich das getan, hätten mich bestimmt einige bemitleidet; und als Folge hätte ich wahrscheinlich angefangen, mich selbst zu bemitlieden, was mir ja nicht geholfen hätte! Was ich brauchte, war eine Heilung vom Herrn. Angesichts dieser starken Not mußte ich unbedingt mein Bekenntnis zu Seinem Wort aufrechterhalten! Ich nahm meine Lippen und meine Zunge in Zucht und bekannte: „Durch Seine Wunden bin ich geheilt" (Jesaja 53, 5). Während ich in dieser Einstellung beharrte, schenkte mir Gott die erbetene Heilung. Als Jesus mich anrührte, waren wir gerade in Nazareth! Mein Herz übersprudelte vor Dankbarkeit, als dies geschah. Allen, die einer körperlichen Heilung bedürfen, möchte ich sagen: Nehmt eure Lippen in Zucht und haltet fest am Bekenntnis des Wortes Gottes! Fangt an, indem ihr möglichst oft die Stelle wiederholt: „Durch Seine Wunden bin ich geheilt."

Für jede Schwäche müssen wir die Kraft des Herrn in Anspruch nehmen und täglich bekennen, daß wir diese Kraft besitzen. Dem Fleische nach sind wir uns unserer Schwachheit so sehr bewußt; es ging dem Apostel Paulus aber auch nicht anders, doch bekannte er: „Wenn ich schwach bin, dann bin ich stark" (2. Korinther 12, 10).

Wir alle kennen unsere eigenen Schwächen. Vielleicht liegt bei dir die Schwäche auf dem Gebiet des Schwätzens. Ein anderer hat eine schlechte Gewohnheit — er schaut zu viel fern oder ißt zu viel. Wir leiden alle unter Schwächen, die Gott nicht verherrlichen. Doch weiß der Herr den Seinen in ihrer Schwäche Kraft zu verleihen. Laßt uns Sein Wort bekennen: „Der Herr ist meines Lebens Kraft" (Psalm 27, 1). Wiederhole die Worte Joels: „Der Schwache spreche: Ich bin stark" (Joel 4, 10). Du darfst es immer wieder sagen: „Ich bin stark! Ich bin stark! In Jesus bin ich stark!" Wenn dir das widersprüchlich vorkommt, denke daran, daß du dich jetzt auf einer höheren Ebene bewegst, wo Gottes Wort allein der Maßstab ist. Deine negativen Gefühle und Gedanken gelten hier nicht mehr!

Das Christenleben bringt oft mancherlei Probleme und Widerstände mit sich, doch gibt uns Gott immer wieder die Gnade, die wir brauchen, um sie zu überwinden. Gott möchte, daß wir zu Überwindern werden! Dazu befähigt Er uns, wenn wir am Lobpreis und am Bekenntnis festhalten und nicht auf die Umstände schauen.

Ich möchte jeden Leser dieses Buches dazu auffordern, sich über seine Krankheit auszuschweigen. Rede nicht über deine Krankheit, sondern sprich Worte der Heilung aus. Rede nicht von deiner Schwäche, sondern bekenne, daß der Herr in dir stark ist. Rede nicht von deinen Niederlagen, sondern verkündige den Sieg Jesu in dir. Sprich nicht über deinen Mangel, sondern bekenne, daß Er dir jede Not ausfüllen wird durch Seinen Reichtum in Herrlichkeit in Christus Jesus. Rede nicht über Gebundenheiten, sondern bekenne die Freiheit des Heiligen Geistes. Öffne deinen Mund und bekenne deine Heilung oder Befreiung. Dir gehört jeder geistliche Segen in der Himmelswelt und auch jeder irdische Segen, wenn du Jesus Christus gehörst. Durch ein Wort aus deinem Munde kannst du sogar den Satan überwinden! „Sie haben ihn überwunden durch das Blut des Lammes und *durch das Wort ihres Zeugnisses*" (Offenbarung 12, 11).

WORTE KÖNNEN
AUCH ZUM VERSAGEN FÜHREN

Worte können zwar Wunder bewirken, aber sie können ebenfalls zum Versagen führen. Eine Menge Leute versagen, weil sie so negativ reden. Es gibt Leute, die in allen Dingen negativ reden und negativ glauben; deswegen machen sie negative Erfahrungen.

Die Worte, die du aussprichst, üben Macht über dein Leben aus. Du kannst der Wirkung deiner eigenen Worte nicht einfach entfliehen. Wer über Niederlagen, Ängste, Krankheiten oder Unglauben spricht, der handelt sich diese Dinge für sein Leben ein. Es ist schier unmöglich, über diese Dinge zu reden und etwas anderes zu erleben. Das ist ein unabänderliches geistliches Gesetz.

Sind deine Gespräche von Torheit, Bedeutungslosigkeit oder Unordnung geprägt? Dann widerspiegeln sie deine Lebensweise! Deine Worte zeigen allen, mit denen du zu tun hast, wie es mit deinem Innenleben ausschaut. Hat nicht Jesus gesagt: ,,Wovon das Herz voll ist, davon fließt der Mund über?" (Matthäus 12, 34).

Denke einmal an die Probleme und Sorgen zurück, die du in deinem Leben erfahren hast. Sind nicht die meisten von ihnen durch deine Zunge entstanden? Die Bibel sagt: ,,Wer Mund und Zunge bewahrt, der bewahrt sein Leben vor Not" (Sprüche 21, 23). In wieviel Not bringen wir uns durch unsere unbeherrschte Zunge! Worte, die wir gedankenlos aussprechen, zornige Worte, rachsüchtige Worte, unfreundliche Worte — solche Worte bringen uns nur Not und Sorge.

Wollen wir nicht gerade jetzt beten: ,,Laß Dir wohlgefallen die Rede meines Mundes und das Gespräch meines Herzens vor Dir, Herr, mein Fels und mein Erlöser" (Psalm 19, 15). ,,Herr, behüte meinen Mund und bewahre meine Lippen" (Psalm 141, 3). Es ist äußerst wichtig, daß wir Gott unsere unbeherrschte Sprache darbringen, damit Er sie verändern kann. Wenn das nicht geschieht, werden uns unsere Worte in allerlei Not bringen.

Auf ein negatives Bekenntnis folgt immer ein negatives Erlebnis. Die Bibel warnt uns ausdrücklich davor: „Du bist gebunden durch deine Worte und gefangen in der Rede deines Mundes" (Sprüche 6, 2). Mit unserem Munde haben wir die Fähigkeit, all das Gute zu bekennen, das Gott uns geben will; aber wir haben ebenfalls die Möglichkeit, durch unsere Worte Krankheit, Niederlagen, Gebundenheit, Schwäche und Mängel über uns selbst zu bringen. Lehne es einfach ab, ein negatives Bekenntnis zu formulieren! Und widerspreche dir selber nicht! Wenn du im ersten Augenblick sagst: „Durch Seine Wunden bin ich geheilt" und gleich darauf: „Der Schmerz ist trotzdem da", dann gleichen sich die beiden Bekenntnisse aus — und du erlebst doch noch die Niederlage.

EIN LEBEN AUF HÖHERER EBENE

Als Glied am Leibe Christi hast du die Möglichkeit, auf einer höheren Ebene zu leben. Aber du mußt glauben, daß Gottes Wort an dich persönlich wahr ist. Denke über Sein Wort nach, rede davon — und handle dementsprechend! Erziehe dich selbst dazu, in Übereinstimmung mit dem Wort Gottes zu leben. Lasse es einfach nicht zu, daß deine Worte oder Gedanken im Widerspruch zum Wort Gottes stehen.

Es mag dann eine ganze Weile dauern, bevor du das Geheimnis des positiven Bekenntnisses beherrschst, aber du wirst es bestimmt schaffen, wenn du darin treu bleibst. Jesus gab uns einmal das Gebot: „Habt Glauben an Gott" — oder, wie es andere übersetzen: „Habt göttlichen Glauben!" Der Glaube kommt aus dem Hören, das Hören aber durch das Wort Gottes" (Römer 10, 17 wörtlich). Nachdem du das Wort Gottes hörst, beginnt es dein Herz und schließlich auch deinen Mund in Besitz zu nehmen, wie Paulus auch sagt: ,,Das Wort ist dir nahe in deinem Munde und in deinem Herzen'' (Römer 10, 8).

Wenn ein Sünder sich bekehrt, *glaubt* er zuerst an den Herrn Jesus Christus, daß Gott Ihn von den Toten auferweckt hat, und dann *bekennt* er sich zum Heil (Römer 10, 10).

In derselben Weise erfüllt Gott alle Seine Verheißungen: Du hörst die Verheißung, und die Verheißung weckt in dir den Glauben. Nachdem du an die Verheißung geglaubt hast, bekennst du sie. Dein Herz fließt davon über und du redest mit festem Vertrauen von der Erfüllung. Als letztes handelst du auch dementsprechend, so daß es Gott eine Freude macht, Seine Verheißung an dir zu erfüllen.

Denke also über das Wort Gottes nach! Versuche zu verstehen, was es dir persönlich zu sagen hat — auf jedem Gebiet! Wenn das Wort dir in Fleisch und Blut übergeht, befreit es dich von aller Angst und Sorge und macht dich zu einem mutigen Bibelchristen. Dein Mund wird dann automatisch aus der Fülle deines Herzens schöpfen. Dein Bekenntnis ist immer der natürliche Überfluß dessen, wovon dein Herz sowieso voll ist.

Wenn du einmal die Wahrheit des göttlichen Wortes fest in deinem Herzen eingeschlossen hast, und wenn du angefangen hast, dieses Wort freimütig zu bekennen — dann wirst du die wunderwirkende Kraft deiner eigenen Worte entdecken!

Kapitel 8

So dürfen auch wir getrost sagen...

Als solche, die dabei sind, mutige Bibelchristen zu werden, die in jeder Situation Gottes Wort bekennen, müssen wir erkennen, daß wir das Recht haben, solche Bekenntnisse zu formulieren. Wir richten uns darin nach Hebräer 13, 5—6, wo es heißt: „Denn Er selbst hat gesagt: »Ich will dich nicht verlassen und nicht von dir weichen.« So dürfen auch wir getrost sagen: »Der Herr ist mein Helfer«."

Achte auf die Reihenfolge: „Denn Er selbst hat gesagt... Also dürfen wir getrost sagen..." Wir dürfen „getrost sagen", weil Er schon gesprochen hat!

Weil Er gesagt hat: „Ich bin der Herr, dein Arzt" (2. Mose 15, 26), dürfen wir getrost sagen: „Ja, Herr, ich bin gesund, weil Du, Herr, mein Arzt bist."

Weil Er gesagt hat: „Wer Dank opfert, der preiset Mich", dürfen wir getrost sagen: „Ich bin dabei, meinen Schöpfer zu preisen, indem ich Ihm Dank darbringe."

Weil Er gesagt hat: „Der Mensch lebt nicht vom

Brot allein, sondern von jedem Wort, das aus Gottes Mund kommt" (Matthäus 4, 4), dürfen wir getrost sagen: „Ich bewahre die Reden Deines Mundes bei mir" (Hiob 23, 12).

Lasse einfach keine Gedanken in deinem Kopf zu, die dem widersprechen, was Gott gesagt hat. Bekenne getrost alles, was Gott schon ausgesagt hat.

Über Sein eigenes Wort sagt Gott: „Denn Ich bin der Herr. Was Ich rede, das soll geschehen und sich nicht lange hinausziehen... sondern es soll geschehen, spricht Gott der Herr" (Hesekiel 12, 25—28). Du darfst damit rechnen, daß sich Gottes Wort erfüllen wird. Gottes Wort wird uns nie enttäuschen, denn Gott selbst wird uns nie enttäuschen.

Der Herr hat gesagt: „So soll das Wort, das aus Meinem Munde geht, auch sein: Es wird nicht leer zu Mir zurückkommen, sondern wird tun, was Mir gefällt, und ihm wird gelingen, wozu Ich es sende" (Jesaja 55, 11).

Folgender Abschnitt gibt eine Reihe Verse aus Gottes Wort wieder. Gott hat diese Worte alle gesandt, um „zu tun, was Ihm gefällt". Weil Er diese Dinge gesagt hat, dürfen wir sie getrost wiederholen, indem wir wissen: Der Herr wird vollführen, wozu Er Sein Wort gesandt hat. Halleluja!

„Es ist nicht eins dahingefallen von allen Seinen guten Worten, die Er geredet hat" (1. Könige 8, 56).

WIR DÜRFEN GETROST SAGEN:
GOTT IST FÜR UNS

Weil Er gesagt hat: „Ich bin gekommen, damit sie das Leben und alles in Fülle haben sollen" (Johannes

10, 10), darf ich getrost sagen: ,,Ich habe jetzt diese Lebensfülle in mir, denn ich habe Jesus Christus als Herrn angenommen.''

Weil Er gesagt hat: ,,Ist Gott für uns, wer kann gegen uns sein?'' (Römer 8, 31), darf ich getrost sagen: ,,Gott ist für mich, niemand kann gegen mich bestehen.''

Weil Er gesagt hat: ,,Wer nun Mich bekennt vor den Menschen, den will auch Ich bekennen vor Meinem himmlischen Vater'' (Matthäus 10, 32), dürfen auch wir getrost sagen: ,,Jesus bekennt sich jetzt vor dem himmlischen Vater zu mir, denn ich bekenne Ihn vor den Menschen.''

Weil Er gesagt hat: ,,Wenn der Feind kommt wie ein Wasserstrom, wird der Geist des Herrn das Banner gegen ihn erheben'' (Jesaja 59, 19 — siehe Fußnote der Schlachter-Bibel), dürfen wir getrost sagen: ,,Der Geist Gottes erhebt ein Banner der Verteidigung für mich, wenn der Feind mich am meisten bedrängt. Preis sei dem Herrn, Er kämpft auf meiner Seite!''

Weil Er gesagt hat: ,,Der Herr ist nahe allen, die Ihn anrufen, allen, die Ihn ernstlich anrufen'' (Psalm 145, 18), dürfen wir getrost sagen: ,,Der Herr ist mir jetzt nahe, denn ich rufe Ihn ernstlich an.''

Weil Er gesagt hat: ,,Der Herr wird für euch streiten, und ihr werdet stille sein'' (2. Mose 14, 14), dürfen wir getrost sagen: ,,Ich weiß, daß Gott für mich streitet, weil ich stille halte. Ich habe Gott den Kampf überlassen.''

Weil Er gesagt hat: ,,Gott aber sei Dank, der uns allezeit Sieg gibt in Christus'' (2. Korinther 2, 14), dürfen wir getrost sagen: ,,In dem allem überwinde ich weit durch den, der mich geliebt hat.''

Weil Er gesagt hat: ,,Er wird kein Gutes mangeln

lassen den Frommen" (Psalm 84, 12), dürfen wir getrost sagen: ,,Der Herr läßt auch mir kein Gutes mangeln, denn ich bin fromm vor Ihm."

Weil Er gesagt hat: ,,So gibt es nun kein Verdammungsurteil für die, die in Christus Jesus sind" (Römer 8, 1), dürfen wir getrost sagen: ,,Ich werde nie verdammt, denn ich bin in Christus Jesus."

Weil Er gesagt hat: ,,Alle eure Sorge werft auf Ihn; denn Er sorgt für euch" (1. Petrus 5, 7), dürfen wir getrost sagen: ,,Ich bin sorgenfrei, denn ich habe alle meine Sorgen auf den Herrn geworfen."

Weil Er gesagt hat: ,,Wer zu Mir kommt, den werde Ich nicht hinausstoßen" (Johannes 6, 37), dürfen wir getrost sagen: ,,Ich bin mit allen meinen Sünden, Bürden und Schwächen zu Ihm gekommen, und Er hat mich nicht hinausgestoßen."

Weil Er gesagt hat: ,,Befiehl dem Herrn deine Wege und hoffe auf Ihn, Er wird's wohl machen" (Psalm 37, 5), dürfen wir getrost sagen: ,,Der Herr kennt jede Einzelheit meines Lebens und macht alles wohl, weil ich mich Ihm ganz und gar anvertraut habe."

WIR DÜRFEN GETROST SAGEN:
WIR SIND GEHEILT!

Weil Er gesagt hat: ,,Mein Lieber, ich wünsche, daß es dir in allen Dingen gut geht und daß du gesund bist, so wie es deiner Seele gut geht" (3. Johannes 2), dürfen wir getrost sagen: ,,Ich habe einen Anspruch darauf, daß es mir gut geht und ich gesund sei, denn es geht meiner Seele gut."

Weil Er gesagt hat: ,,Er hat unsre Schwachheit auf sich genommen, und unsre Krankheit hat Er getragen"

(Matthäus 8, 17), dürfen wir getrost sagen: „Ich bin frei von Krankheit, weil Jesus Christus sie mir weggetragen hat!"

Weil Er gesagt hat: „Er, der Christus von den Toten auferweckt hat, wird auch eure sterblichen Leiber lebendig machen durch Seinen Geist, der in euch wohnt" (Römer 8, 11), dürfen wir getrost sagen: „Durch denselben Geist, der Jesus von den Toten auferweckte, macht Gott meinen Leib lebendig und gesund, denn Er wohnt in mir. Darum bin ich frei von Krankheit!"

Weil Er gesagt hat: „Kranken werden sie die Hände auflegen, und sie werden gesund werden" (Markus 16, 18), dürfen wir getrost sagen: „Ich lege meine Hände auf die Kranken, und sie werden gesund, weil ich Seinem Wort gehorche."

Weil Er gesagt hat: „Aber dem Herrn, eurem Gott, sollt ihr dienen, so wird Er dein Brot und dein Wasser segnen, und Ich will alle Krankheit von dir wenden" (2. Mose 23, 25), dürfen wir getrost sagen: „Alle Krankheit wird von mir gewendet, mein Brot und Wasser wird auch gesegnet, weil ich dem Herrn, meinem Gott, treu diene."

Weil Er gesagt hat: „Euch aber, die ihr Meinen Namen fürchtet, soll aufgehen die Sonne der Gerechtigkeit und Heil unter ihren Flügeln" (Maleachi 3, 20), dürfen wir getrost sagen: „Der Herr geht mit Gerechtigkeit und Heil über meinem Leben auf, weil ich Seinen Namen fürchte."

Weil Er gesagt hat: „Er sandte Sein Wort und machte sie gesund" (Psalm 107, 20), dürfen wir getrost sagen: „Ich bin jetzt geheilt, denn der Herr heilt mich durch Sein Wort, das ich in meinem Leben aufgenommen habe."

WIR DÜRFEN GETROST SAGEN:
UNSERE GEBETE WERDEN ERHÖRT

Weil Er gesagt hat: ,,Ehe sie rufen, will Ich antworten"
(Jesaja 65, 24), dürfen wir getrost sagen: ,,Der Herr erhört mein Gebet jetzt, während ich bete. Sogar bevor
ich anfing zu beten, hatte Er damit begonnen, die
Sache in Ordnung zu bringen."

Weil Er gesagt hat: ,,Geh hin; dir geschehe, wie du
geglaubt hast" (Matthäus 8, 13), dürfen wir getrost
sagen: ,,Ich darf aufhören zu beten, denn ich habe
geglaubt; die Erhörung wird so eintreffen, wie ich es
geglaubt habe."

Weil Er gesagt hat: ,,Rufe Mich an, so will Ich dir
antworten und will dir kundtun große und unfaßbare
Dinge, von denen du nichts weißt" (Jeremia 33, 3),
dürfen wir getrost sagen: ,,Der Herr antwortet mir und
zeigt mir große Dinge, weil ich Ihn anrufe."

Weil Er gesagt hat: ,,Worum ihr bitten werdet in
Meinem Namen, das will Ich tun, damit der Vater im
Sohn verherrlicht wird" (Johannes 14, 13), dürfen wir
getrost sagen: ,,Der Vater wird im Sohn verherrlicht,
weil Er alle die großen Dinge für mich tut, worum ich
Ihn bitte."

Weil Er gesagt hat: ,,Habe deine Lust am Herrn; der
wird dir geben, was dein Herz wünscht" (Psalm 37, 4),
dürfen wir getrost sagen: ,,Der Herr gibt mir, was sich
mein Herz wünscht, weil ich meine Lust an Ihm habe."

Weil Er gesagt hat: ,,Wenn ihr in Mir bleibt, und
Meine Worte in euch bleiben, werdet ihr bitten, was ihr
wollt, und es wird euch zuteil werden" (Johannes
15, 7), dürfen wir getrost sagen: ,,Ich bleibe in Christus, Er bleibt in mir, und darum erhört Er meine
Gebete."

Weil Er gesagt hat: „Bittet, so werdet ihr empfangen, damit eure Freude vollkommen ist" (Johannes 16, 24), dürfen wir getrost sagen: „Meine Freude ist vollkommen, weil ich in dem Namen Jesu bitte und empfange."

Weil Er gesagt hat: „Bei allem, worum ihr in eurem Gebet bittet, glaubt nur, daß ihr's schon empfangen habt, so wird's euch zuteil werden" (Markus 11, 24), dürfen wir getrost sagen: „Ich werde das bekommen, worum ich gebetet habe, weil ich im Glauben gebetet habe!"

Weil Er gesagt hat: „Denn wer bittet, der empfängt" (Matthäus 7, 8), dürfen wir getrost sagen: „Ich weiß, daß ich empfange, denn ich habe gebeten. »Wer« meint jedermann. Es gibt keine Ausnahmen. Darum bin ich mit dieser Verheißung auch gemeint."

EIN UNERSCHROCKENES HERZ

Wenn dein Herz voller Furcht ist, wirst du von deiner Furcht reden — und dadurch wird sich deine Furcht mehren. Solange du von deinen Ängsten sprichst, können sie dich in zunehmendem Maße gefangen nehmen. Das Problem kannst du nur überwinden, indem du dein Herz mit dem Worte Gottes füllst. Tue das, und du bist bei jeder Versuchung in der Lage, nicht deine Zweifel, sondern Gottes Wort auszusprechen. Du mußt dich ganz einfach entscheiden, Gottes Wort auszusprechen und der Furcht nicht nachzugeben. Das kannst du durch den Herrn Jesus Christus, der dich stark macht (Philipper 4, 13).

Weil Er gesagt hat: „Fürchte dich nicht, Ich bin mit dir; weiche nicht, denn Ich bin dein Gott. Ich stärke dich, Ich helfe dir auch, Ich halte dich durch die rechte Hand Meiner Gerechtigkeit" (Jesaja 41, 10), dürfen wir getrost sagen: ,,Ich habe keine Angst mehr, denn Gott ist die ganze Zeit bei mir."

Weil Er gesagt hat: ,,Denn Gott hat uns nicht den Geist der Furcht gegeben, sondern den Geist der Kraft und der Liebe und der Besonnenheit" (2. Timotheus 1, 7), dürfen wir getrost sagen: ,,Ich bin frei von der Furcht, denn mein Gott hat mir keine Furcht ins Herz gegeben, sondern Kraft, Liebe und Besonnenheit!"

Weil Er gesagt hat: ,,Den Frieden lasse Ich euch zurück... Euer Herz erschrecke nicht" (Johannes 14, 27), dürfen wir getrost sagen: ,,Da wir nun durch den Glauben gerecht geworden sind, haben wir Frieden mit Gott durch unsern Herrn Jesus Christus" (Römer 5, 1), denn Er ist unser Friede (Epheser 2, 14). Darum bleibt mein Herz unerschrocken!

Weil Er gesagt hat: ,,Wer festen Herzens ist, dem bewahrst du Frieden; denn er verläßt sich auf Dich" (Jesaja 26, 3), dürfen wir getrost sagen: ,,Ich habe den Frieden, weil ich mich auf Ihn verlasse. Ich bin festen Herzens."

DAS BÖSE ÜBERWINDEN

Alle negativen Bekenntnisse lehne ich von vorn herein ab. Wer ein falsches Bekenntnis ablegt, gibt dem Teufel Raum in seinem Leben. Ich habe aufgehört, von Niederlagen, Krankheit und Schwäche zu reden. Diese kommen alle vom Teufel; wenn ich von ihnen rede, preise ich die Werke Satans und nicht die großen Taten Gottes.

Weil Er gesagt hat: ,,Widersteht dem Teufel, dann

flieht er von euch" (Jakobus 4, 7), dürfen wir getrost sagen: „Der Teufel flieht vor mir, denn ich widerstehe ihm festen Herzens im Namen Jesu."

Weil Er gesagt hat: „Ihr werdet die Wahrheit erkennen, und die Wahrheit wird euch frei machen" (Johannes 8, 32), dürfen wir getrost sagen: „Ich bin frei, denn ich erkenne Seine Wahrheit."

Weil Er gesagt hat: „In Meinem Namen werden sie böse Geister austreiben" (Markus 16, 17), dürfen wir getrost sagen: „Die Dämonen müssen fliehen, weil ich es ihnen im Namen Jesu geboten habe."

Weil Er gesagt hat: „Der Herr aber wird mich vor allem Bösen erretten" (2. Timotheus 4, 18), dürfen wir getrost sagen: „Ich werde nicht vom Teufel geknechtet werden, denn der Herr hat mich befreit!"

Weil Er gesagt hat: „Der Engel des Herrn lagert sich um die her, die Ihn fürchten, und hilft ihnen heraus" (Psalm 34, 8), dürfen wir getrost sagen: „Der Engel des Herrn lagert sich um mich her, um mich zu schützen, denn ich fürchte den Herrn."

Lerne diese Bibelstellen auswendig und bekenne sie stets. Nimm Gottes Wort für dein Glaubensleben in Anspruch; es wird dich zu einem Überwinder machen. Glaube daran, daß Gott alles tut, was Er in Seinem Wort verheißt. Was Er gesagt hat, dürfen wir getrost bekennen. Wer glaubt — wird es wagen!

Kapitel 9

Laßt uns mit Zuversicht vor den Thron treten

Während meiner ersten Jahre als vollzeitiger Evangelist war ich einmal einige Tage bei Freunden zu Gast. Ich spielte gerade mit ihrem fünfjährigen Sohn, der mich immer wieder bat, ihn bei den Armen zu nehmen, so daß er mit den Füßen in der Luft schweben würde. Plötzlich packte ich ihn mit meinen starken Händen — und spürte sofort, wie seine kleinen Knochen brachen.

Seine Eltern waren natürlich entsetzt. Sie fuhren den Jungen sofort in die nächstgelegene Stadt zum Arzt, wo Röntgenaufnahmen gemacht wurden. Der Arzt war pessimistisch: ,,Sein linker Arm ist gebrochen, und es wird einer größeren Operation bedürfen, um die Knochen wieder zusammenzufügen. Ich kann eine solche Operation hier nicht durchführen. Ich werde beim nächsten Krankenhaus anrufen, daß er dort operiert werden kann.‘‘

Das Krankenhaus befand sich etwa 80 Kilometer weiter entfernt. Wir setzten den Jungen auf den Vordersitz des Wagens zwischen seine Eltern und fuhren, so schnell wir konnten, dorthin. Ich saß allein auf dem Rücksitz und fühlte mich ganz elend, weil ich für diesen Knochenbruch verantwortlich war. Der arme kleine Kerl mußte meinetwegen operiert werden. In dieser ernsten Lage nahm ich mein Taschentestament heraus und fing an zu lesen. Das Büchlein öffnete sich an der Stelle, wo es heißt: „Bittet, so werdet ihr empfangen, damit eure Freude vollkommen ist" (Johannes 16, 24).

Ich fing an zu weinen und betete: „Herr, wir hätten jetzt vollkommene Freude, wenn Du während der Fahrt diesen Arm heilen möchtest. Ich bitte Dich im Namen Jesu, den Arm ganz heil zu machen."

Als wir im Krankenhaus ankamen, waren die Ärzte schon bereit. Sie wollten zuerst ihre eigenen Röntgenaufnahmen machen, damit sie die Operation planen konnten. Aber etwa 15 Minuten später kamen die Ärzte zu uns und sahen verwirrt aus. Die Röntgenaufnahmen, die sie gemacht hatten, wiesen keine Spur eines Knochenbruchs auf! Die Ärzte wunderten sich nur, aber wir erhielten die „vollkommene Freude", als wir erkannten, daß Jesus durch ein Wunder eingegriffen hatte. Der Junge war vollständig geheilt worden. Halleluja! Immer wieder dankten wir dem Vater, daß Er unser Gebet erhört hatte.

„Ich liebe den Herrn, denn Er hört die Stimme meines Flehens. Er neigte Sein Ohr zu mir; darum will ich mein Leben lang Ihn anrufen" (Psalm 116, 1—2).

In der Tat: Ich liebe den Herrn! Es gibt viele Gründe dafür. Ich liebe Ihn, weil Er mich zuerst geliebt hat (1. Johannes 4, 19). Ich liebe den Herrn, weil Er mich errettet hat, mich geheilt hat, mich berufen hat.

Aber wie auch David möchte ich eine Sache nicht vergessen: „Ich liebe den Herrn, denn Er hört die Stimme meines Flehens. Er neigte Sein Ohr zu mir." Welch ein Wunder: unsere Stimmen werden im Himmel gehört und beachtet. Wenn wir beten, reden wir nicht etwa in die Luft, sondern wir haben Gemeinschaft mit dem Gott, der das All erschaffen hat. Der Himmel neigt sich, um unsere Stimme zu vernehmen.

Am Grab des Lazarus blickte Jesus empor und sagte: „Vater, Ich danke Dir, daß Du Meine Worte gehört hast. Ich wußte ja, daß Du Mich allezeit hörst..." (Johannes 11, 41—42).

Als Miterben Christi dürfen auch wir mit dieser Art Vertrauen beten! Bedenke, daß Jesus uns zugesagt hat: „Wenn ihr den Vater in Meinem Namen um etwas bittet, wird Er's euch geben" (Johannes 16, 23).

Auch wir dürfen emporblicken und sagen: „Vater, ich danke Dir, daß Du Mich gehört hast, denn ich weiß, daß Du mich immer hörst, wenn ich im Namen Jesu bete!" Halleluja! Welch ein Wunder, daß Gott uns erhört, wenn wir beten.

Nicht immer konnte ich so erhörlich beten; nicht immer habe ich den Mut gehabt, in dieser zuversichtlichen Weise vor den Vater zu treten. Früher hat mich Satan meist mit dem Gedanken erfüllt, ich sei unwürdig und dürfe eine solche Annäherung an Gott gar nicht erst wagen, aber dann erlebte ich etwas mit meinem kleinen Sohn, das mein ganzes Leben ändern sollte. Die Bibelstelle aus Matthäus 7, 9—11 wurde mir durch dieses Erlebnis so groß: „Wer von euch Menschen würde, wenn ihn sein Sohn um Brot bittet, ihm einen Stein dafür bieten? Oder wenn er ihn um einen Fisch bittet, ihm eine Schlange dafür bieten? Wenn schon ihr, die ihr doch böse seid, dennoch euren Kindern gute Gaben geben könnt, wieviel mehr wird euer Vater im Himmel denen Gutes geben, die Ihn darum bitten!"

Eines Morgens lag ich in unserer Küche auf den Knien und wollte „durchbeten". Jedoch erlangte ich keine Siegesgewißheit, keine Freude und keinen Segen. Das war mir leider schon allzuoft passiert.

Dort in der Küche wurde ich von meinem kleinen Sohn Michael gefunden, der damals erst 18 Monate alt war und gerade angefangen hatte zu gehen und zu sprechen. Ganz leise trat er zu mir und schmiegte sich an meine Brust, dann warf er mir die Arme um den Hals und sagte: „Papi, ich hab' Durst. Ich möchte Wasser trinken." Schnell stand ich auf und holte ihm ein Glas Wasser. Dann nahm ich den kleinen Kerl auf den Arm, und wir verbrachten eine wunderschöne Zeit der Gemeinschaft miteinander. Da es jedoch noch sehr früh war, wollte Michael ins Bett zurück. Ich trug ihn in sein Zimmer, und dabei wurde ich von dem wunderbaren Gefühl überwältigt: Ich bin Vater!

Danach ging ich in die Küche zurück, um weiterzubeten. Aber im Vergleich zu dieser schönen Gemeinschaft mit meinem lieben, kleinen Sohn kam mir das Gebet so langweilig vor. Doch sprach dann der Heilige Geist so liebevoll zu mir: „. . . wenn schon ihr, die ihr böse seid, dennoch euren Kindern gute Gaben geben könnt, wieviel mehr wird euer Vater im Himmel denen Gutes geben, die Ihn darum bitten." Ich dachte über diese Worte nach, und mein Herz erwärmte sich. Dieser Satz hat mein ganzes Leben verändert!

Ich, Don Gossett, ein natürlicher Vater, konnte auf alle Fälle meinen Kindern gute Gaben geben. Damals hatten wir schon Michael und Judy, und es machte mir Spaß, ihnen von Zeit zu Zeit kleine Geschenke nach Hause zu bringen. Bei meinen auswärtigen Evangelisationen kaufte ich meistens irgendwelche Kleinigkeiten für meine Frau und die Kinder. Dabei gab ich mir

Mühe, etwas wirklich Schönes zu besorgen. Aber wenn ich gute Gaben geben kann, wieviel mehr mein himmlischer Vater!

Es war mir wie eine Erleuchtung aus dem Himmel. Der Heilige Geist hatte mir gezeigt, daß ich nie wieder so zu beten brauchte, als würde sich mein himmlischer Vater nicht um mich kümmern oder als wäre ich Seiner großen Liebe nicht wert. Nein, durch das Blut des einzigen Sohnes Gottes bin ich auch zu einem Gotteskind geworden! Jetzt bin ich für Gott ein lieber Sohn!

Gott hat im voraus dafür gesorgt, daß wir ein freudiges, zuversichtliches Gebetsleben führen können. Die Tür zu Gottes Thronsaal steht weit offen. ,,Darum laßt uns mit Zuversicht vor den Thron der Gnade treten, damit wir Barmherzigkeit empfangen und Gnade finden, wenn wir Hilfe nötig haben" (Hebräer 4, 16).

Halleluja! Jetzt war mir klar: Jesus hat den Weg gebahnt, so daß ich zum Vater kommen und mit Ihm Gemeinschaft pflegen kann. Ich durfte in Liebe zu Ihm aufschauen und sagen: ,,Mein Vater!" Ich konnte fast die leise Stimme hören, die mir antwortete: ,,Mein Kind!"

Nie wieder würde ich die Gegenwart des Herrn langweilig finden! Jetzt wußte ich: Er liebt mich mehr, als ich meine eigenen Kinder jemals lieben werde. Preis sei Gott, an jenem Morgen erfuhr ich in meinem Gebetsleben eine totale Befreiung!

Der Gott und Vater, dem wir dienen, hört und erhört Gebet. Das finden wir im 34. Psalm bestätigt: ,,Als ich den Herrn suchte, antwortete Er mir und errettete mich aus aller meiner Furcht... Als einer im Elend rief, hörte der Herr und half ihm aus allen seinen Nöten. ...Reiche müssen darben und hungern; aber die den Herrn suchen, haben keinen Mangel an irgendeinem Gut. ... Die Augen des Herrn merken auf die Gerechten und Seine Ohren auf ihr Schreien. ... Wenn die Gerechten schreien, so hört der Herr und errettet sie aus aller ihrer Not." Alle diese Dinge geschehen, wenn wir es einmal wagen, zu beten!

Als Antwort auf mein Gebet hat der Herr viele Menschen geheilt. Anderen hat Er einen Arbeitsplatz verschafft; anderen hat Er das Leben verändert, noch anderen das Familienleben aus schwerwiegenden Krisen gerettet. Alle diese Dinge und noch viele mehr geschehen, wenn wir anfangen zu beten!

In Japan gibt es einen Götzen aus Stein, der Schintu heißt und viele, viele Ohren hat. Das arme, verführte Volk ruft verzweifelt zu diesem Götzen mit den vielen Ohren, ja, sie neigen sich vor ihm, demütigen sich, sie versuchen alles, nur damit er sie höre, aber es hilft alles nichts, er kann sie nicht hören!

Doch wir, die wir auf den lebendigen Gott unser Vertrauen setzen, wir wissen, daß Er unsere Gebete nicht nur hört, sondern auch erhört, denn Er neigt Sein Ohr zu uns!

„Das ist die Zuversicht, die wir Gott gegenüber haben: Wenn wir um etwas bitten nach Seinem Willen, dann hört Er uns. Und wenn wir wissen, daß Er unsre Bitten hört, wissen wir auch, daß wir erhalten, was wir von Ihm erbeten haben" (1. Johannes 5, 14—15).

Das sollte unser Herz dazu bewegen, Ihn anzurufen! Gottes Wort sagt: „Ihr habt nichts, weil ihr nichts bittet" (Jakobus 4, 2). „Bittet, so wird euch gegeben; sucht, so werdet ihr finden; klopft an, so wird euch aufgetan" (Matthäus 7, 7).

Ich liebe den Herrn, weil Er auf mein Gebet hin so viele Dinge getan hat. Deswegen möchte ich Ihn mein Leben lang anrufen!

„Betet allezeit" ist Gottes Anweisung für unser Leben. „Daß sie allezeit beten und darin nicht nachlassen sollten" (Lukas 18, 1). Ja, ich liebe den Herrn, denn Er erhört mein Gebet und neigt Sein Ohr zu mir!

FREIMÜTIGES BETEN IST ERHÖRLICHES BETEN

1. Gott will im Leben eines Menschen immer eingreifen, aber durch das von Ihm selber bestimmte Mittel dazu: das Gebet. Es gibt kaum etwas, das Gott tut, ohne daß wir Ihn nicht zuvor darum gebeten hätten (Jakobus 4, 2). Er sagt: „Rufe Mich an, so will Ich dir antworten" (Jeremia 33, 3). Freimütiges Beten geschieht, wenn wir Gott um etwas bitten und wirklich *erwarten,* daß Er uns erhört!

2. „Darum laßt uns mit Zuversicht vor den Thron der Gnade treten, damit wir Barmherzigkeit empfangen und Gnade finden, wenn wir Hilfe nötig haben" (Hebräer 4, 16). Der biblische Weg zu Gott ist der Weg der Freimütigkeit: ich vertraue darauf, daß Gott mich hören will, wenn ich zu Ihm komme. Doch muß ich die Hindernisse aus meinem Leben räumen, die eine Erhörung blockieren: etwa ein unreines Herz oder ein verstockter Geist. Bekenne deine Sünden vor Gott (1. Johannes 1, 9) und bitte Ihn, dir einen neuen beständigen Geist zu geben (Psalm 51, 12).

3. Wer kann erhörlich beten? Paulus konnte es; Daniel, David, Elia und Abraham konnten es. Auch du kannst es, denn „das Gebet des Gerechten vermag viel, wenn es ernstlich ist" (Jakobus 5, 16). Du bist heute in Jesus Christus gerecht; und wenn du

das weißt, besitzt du eine wunderbare Grundlage für dein Gebetsleben. Du wirst erhörlich beten können! Allerdings ist deine Gerechtigkeit einzig und allein das Ergebnis dessen, was Jesus am Kreuz für dich tat (2. Korinther 5, 21; Römer 10, 10). Als Gerechter hast du bei Gott Einfluß, den du aber geltend machen solltest!

4. ,,Das Gebet des Gerechten vermag viel, wenn es ernstlich ist.'' Ein ernstes Gebet wird erhört! Wer gerecht ist, besitzt die Fähigkeit, in der Gegenwart Gottes zu stehen, ohne sich schuldig oder sündig oder unwürdig vorzukommen. Durch das Blut Jesu hast du Freiheit zum Eintritt in das Heiligtum (Hebräer 10, 19).

5. Bringe alles dem Herrn im Gebet dar (Philipper 4, 6)! Wage es, Gott um ein Wunder zu bitten (Johannes 16, 23—24). ,,Bei allem, worum ihr in eurem Gebet bittet, glaubt nur, daß ihr's schon empfangen habt, so wird's euch zuteil werden'' (Markus 11, 24). Nur gläubiges Gebet ist erhörliches Gebet. Bitte den Vater im Namen Jesu — glaube, daß du empfangen hast: und du wirst empfangen! Wenn du geglaubt hast, brauchst du nicht mehr zu bitten; du darfst anfangen zu loben und zu preisen. Du hast die völlige Gewißheit: was Gott verheißt, das kann Er auch tun (Römer 4, 21).

6. Höre auf zu ringen! Du hast doch Gott deine Not abgegeben, oder? Ruhe dich in der festen Gewißheit aus: Gott hat es verheißen! Durch dein gläubiges Gebet hast du deine Anliegen sozusagen gepflanzt. Jetzt kannst du sie mit Lobpreis bewässern; und du darfst erwarten, daß Gott selbst das Gedeihen geben wird (1. Korinther 3, 6)! Auf den Herrn kann man sich eben verlassen!

Kapitel 10

Freigebig sein

Die freudigsten Christen sind immer solche, die es ver-
stehen, kühn und mutig im Glauben zu opfern. Solche
Menschen sind ein Wagnis eingegangen und haben
Gottes Wort ernstgenommen. Sie haben erkannt, daß
Gott alles tut, was Er verheißen hat: ,,Ich, der Herr,
wandle Mich nicht; ... Bringt aber die Zehnten in vol-
ler Höhe in Mein Vorratshaus, auf daß in Meinem
Hause Speise sei, und prüft Mich hiermit, spricht der
Herr Zebaoth, ob Ich euch dann nicht des Himmels
Fenster auftun werde und Segen herabschütten die
Fülle. Und Ich will um euretwillen den »Fresser« be-
drohen'' (Maleachi 3, 6.10.11).

Möchtest du nicht anfangen Gott zu prüfen, indem
du deinen Zehnten darbringst? Wenn du Gott beim
Wort nimmst, kannst du ruhigen Herzens bekennen:
,,Ich prüfe meinen Gott. Er tut mir die Fenster des
Himmels auf. Um meinetwillen bedroht Er den »Fres-
ser«!''

Ich kannte einmal einen sehr erfolgreichen Christen
namens Harry Wiltbanks. Sein Zeugnis für Christus

hatte breite Auswirkung. Einmal während einer Evangelisation durften wir bei ihm zu Hause übernachten; damals erzählte er uns, wie es dazu kam, daß er so erfolgreich sein konnte.

Am Ende des ersten Weltkriegs war er noch gottlos — und hatte außerdem keinen Pfennig. Aber kurz darauf nahm er Jesus Christus als seinen Heiland an und begann, die Bibel zu studieren. Er hat die Bibel immer wörtlich genommen, so wie es geschrieben steht. Einmal bat er den Herrn um eine Arbeitsstelle und erhielt sie auch. Dann las er Gottes Verheißungen hinsichtlich des Gebens und begann, seinen Zehnten zu geben und zu opfern. Der Glaube nahm in seinem Leben die erste Stelle ein, und Gott *mußte* ihn einfach segnen — auf geistlicher und auch auf materieller Ebene. Gott ist ja kein Mensch, daß Er lügen sollte! Harry Wiltbanks empfing Segen die Fülle, und zwar über Jahre hinweg. Je mehr Harry nach der Schrift spendete, je mehr segnete ihn Gott — nach der Schrift! Durch sein großzügiges Spenden wurde Harry zu einem Werkzeug des Herrn, denn das Geld, das er gab, machte es möglich, daß viele Seelen für Christus gewonnen werden konnten. Heute ist Harry daheim beim Herrn und empfängt seinen himmlischen Lohn!

Die Bibel sagt, daß es den Herrn ehrt, wenn wir geben. Gott verheißt, daß Er uns mit „vollen Scheunen" und „überfließenden Keltern" segnen wird, wenn wir im Geben treu sind (Sprüche 3, 9—10). Sei dir ganz bewußt, daß es den Herrn ehrt, wenn du von deinem Gut spendest! Du darfst erwarten, daß Er dich daraufhin segnen wird.

In letzter Zeit spricht man viel vom „Leben aus Glauben". Hier wollen wir näher auf das „Geben im Glauben" eingehen. Gläubiges Geben ist reichliches

Geben (Sprüche 11, 25). ,,Einen fröhlichen Geber hat Gott lieb" (2. Korinther 9, 7). ,,Geben ist seliger als Nehmen" (Apostelgeschichte 20, 35). Der Geber kann den ,,Fresser" (d. h. den Teufel) überwinden (Maleachi 3, 11).

Wenn du reichlich gibst, werden dir des Himmels Fenster aufgetan (Maleachi 3, 10). ,,Gebt, so wird euch gegeben. Ein volles, gedrücktes, gerütteltes und überfließendes Maß wird man euch in den Schoß schütten; denn mit dem Maß, mit dem ihr meßt, wird man euch wieder messen" (Lukas 6, 38). Das ist die Belohnung für reichliches Geben! Und wenn du so gibst, kann Gott dein Geld benutzen, um die Verbreitung des Evangeliums zu unterstützen. Eigentlich ist das ein noch größerer Lohn!

Aber es gibt nicht nur ein Geben im Glauben, sondern auch ein Geben im Unglauben. Ein gläubiger Mann bat mich, folgendes Zeugnis weiterzugeben: ,,Viele Jahre hindurch hatte ich Angst, auf Gottes Wort einzugehen. Wegen dieser falschen Furcht gab ich immer nur Groschen statt Scheine! Und Freude hatte ich nie daran, denn mich quälte immer der Angstgeist. Doch als ich endlich anfing, freiwillig und ohne jeden Zwang meinen Zehnten zu geben, begann Gott, mich überreichlich zu segnen. Ich hatte das Geheimnis des Gebens aus Glauben entdeckt, und von der Zeit an war mein Glaubenswandel ganz anders!"

Du mußt es einfach wagen, Gottes Verheißungen zu vertrauen! Dann wirst du dir nicht nur ,,Schätze im Himmel" sammeln, sondern du wirst hier auf Erden viel Freude am Geben bekommen. Ich habe viele Menschen kennengelernt, die es wagten, aus Glauben zu geben, und die es erleben durften, daß Gott zu Seinen wunderbaren Verheißungen steht! Mein Freund, der

Evangelist Velma Gardner aus Kalifornien, war ein solcher Mensch. Sein Zeugnis in bezug auf das Geben hat mir immer viel bedeutet:

„Während der Wirtschaftskrise der 30er Jahre starb mein Vater. Er war nicht versichert, und darum mußten ich und mein älterer Bruder arbeiten gehen, um unsere Mutter und fünf Geschwister zu versorgen. Wir waren so arm, daß ich meine Schuhe mit Pappe ausstopfen mußte, wenn ich nicht barfuß gehen wollte. Ich konnte mir nicht einmal die paar Pfennige für einen Schuhriemen leisten, sondern benutzte ein altes Kabel. Eines Tages kam ein Freund zu mir und meinte: »Ich glaube, ich könnte dir eine Arbeitsstelle in einer größeren Kartonfabrik verschaffen.« Das freute mich natürlich sehr. Täglich versuchten nämlich Hunderte von Menschen, dort in der Fabrik einen Posten zu bekommen. Tatsächlich hat es dieser Freund geschafft, mir einen Arbeitsplatz dort zu sichern. Da die Fabrik aber etwa 40 Kilometer von unserem Zuhause entfernt war, mußte ich während der Woche in einer kleinen Hütte am Ufer eines Flusses schlafen. Mein Gehalt, als ich in der Fabrik zu arbeiten anfing, betrug $ 20.00 in der Woche, was für die damaligen Verhältnisse recht viel Geld war. Die ganze erste Woche erhielt ich ständig Mahnungen vom Herrn, daß ich den Zehnten geben sollte. Als ich am Samstag abend nach Hause kam, sagte ich gleich zu meiner Mutter: »Ich habe das Gefühl, wir sollten den Zehnten geben. Wir sind zwar arm und brauchten alles, was ich verdiene, um zu leben, aber ich möchte lieber Gott gehorchen.« Meine Mutter fing an zu weinen und erwiderte: »Sohn, wandle du nur auf Gottes Wegen; Er wird schon für uns sorgen.«

Am Sonntag morgen im Gottesdienst spendete ich der Gemeinde zwei Dollar als Zehnten; und im Abendgottesdienst tat ich noch einen Dollar ins Opfer. Ich war so froh, daß ich Gott gehorchen konnte. Und sofort fing Er an, mich zu segnen. Es kam mir vor, als wäre die Luft frischer, das Gras grüner, die Blumen bunter, sogar der Vogelsang kam mir melodischer vor. Warum fühlte ich mich nur so gut? Weil Er mir des Himmels Fenster aufgetan hatte!

Am nächsten Tag ging ich frohen Muts zur Arbeit. Als ich an der Fabrik ankam, wartete schon der Vorarbeiter auf mich und wollte mich sprechen. Diesen Vorarbeiter nannte man »Mr. Meckermann«, weil er immer eine solche schlechte Laune hatte; es hatte ihn noch niemand lachen sehen! Alle Arbeiter hatten Angst vor ihm. Als ich ankam, brüllte er gleich: »He, Sie, kommen Sie mal her!« Sofort flüsterte mir der Teufel ins Ohr: »Wärst du nicht doch besser dran gewesen, wenn du die drei Dollar für dich behalten hättest? Du wirst jetzt bestimmt gefeuert und hast nicht einmal genug Geld, um nach Hause fahren zu können!«

Ich ging mit Furcht und Zittern auf den »Meckermann« zu, der wie immer furchtbar ernst dreinschaute. Er fing an zu sagen: »Ich habe Sie bei der Arbeit beobachtet.« Da bekam ich es erst recht mit der Angst zu tun! Aber er fuhr fort: »Wir haben gerade eine neue Maschine gekauft, die unsere Kartons automatisch herstellt. Mein Junge wird diese Maschine bedienen, und Sie werden ihm dabei behilflich sein. Dafür wird Ihr Gehalt um ein Drittel erhöht!

In meinem Inneren rief ich so laut »Halleluja!«, daß der Teufel nicht schnell genug weglaufen konnte!

Als ich dann am folgenden Samstag zu Hause ankam, verkündigte ich freudig: »Mutter, Gott hat sich an Sein Wort gehalten; ich habe eine Gehaltserhöhung bekommen.«

An jenem Sonntag konnte ich einen größeren Zehnten geben — und noch ein weiteres Dankopfer darüber hinaus. Aber am Montag morgen stand der Chef schon wieder da und wartete auf mich.

Diesmal sagte der Teufel deutlich: »Du kannst mich aber nur so weit besiegen, Junge; dann fang ich an, zurückzuschlagen! Du hast Gottes Treue bezeugt, als du diese Gehaltserhöhung bekamst. Darum mußt du die Stelle jetzt verlieren. Alles aus, Junge, verstanden?«

Noch einmal ging ich mit Furcht und Zittern auf den Chef zu. Aber diesmal hatte er fast ein Lächeln im Gesicht. Er sagte nur: »Gestern haben wir noch eine solche Maschine gekauft. Diesmal können Sie sie selber bedienen. Sie erhalten ab sofort das doppelte Gehalt.« Der Teufel verschwand superschnell in Richtung Hölle!

Sechs Wochen, nachdem ich in dieser Fabrik zu arbeiten begonnen hatte, verdiente ich schon mehr als jeder, der vor mir dort gearbeitet hatte. Sogar der Chef verdiente nicht so viel wie ich! Es soll mir keiner sagen, daß es sich nicht lohnt, den Zehnten zu geben!

Auch Du wirst finanziell, geistlich und gesundheitlich gesegnet, wenn Du anfängst, reichlich zu opfern. Mich hat Gott seit jener Zeit mit guter Gesundheit gesegnet; Er hat tatsächlich in jeder Situation für mich gesorgt. Für mich sind die Fenster des Himmels heute noch offen, und es erfreut meine Seele, wenn ich Seinen Segen spüren darf. Um alles in der Welt möchte ich nicht aufhören, meinen Zehnten zu geben.

Lukas 6, 38 lehrt uns: »Gebt, so wird euch gegeben. Ein volles, gedrücktes, gerütteltes und überfließendes Maß wird man euch in den Schoß schütten.« Kein Wunder, daß David bezeugen konnte: »Du schenkest mir voll ein« (Psalm 23, 5)! Dir will Er auch voll einschenken, wenn du es Ihm erlaubst!

Als ich noch ein kleiner Junge war mit Sommer-
sprossen im Gesicht, bin ich immer zum Dorfladen ge-
rannt, wohin mich die große Theke lockte, hinter der
die Süßigkeiten aufbewahrt wurden. Oft bettelte ich
den Ladenbesitzer an: »Geben Sie mir doch für einen
Groschen Weingummis!« Das Herz des alten Mannes
erweichte, und er nahm eine Tüte und füllte sie mit
leckeren roten und schwarzen Weingummis. Immer,
wenn ich das sah, wollte ich nur eins machen: Hinter
die Theke gehen und die Tüte ein wenig schütteln. Ich
wußte, wenn ich das hätte machen dürfen, hätte ich
noch ein paar Weingummis in die Tüte hineinbekom-
men. Ich wollte natürlich soviel wie irgend möglich
haben.

Freund, so wird Gott in deinem Leben handeln! Er
gibt dir ein gedrücktes, gerütteltes und überfließendes
Maß! Halleluja!"

Viele Christen in unserer Zeit sind in eine Falle geraten. Sie glauben zwar in ihrem Herzen, daß es richtig
ist, den Zehnten zu geben; aber sie hören dann doch
auf den Teufel, wenn er ihnen sagt, daß sie es sich gar
nicht leisten können, den Zehnten zu geben, weil heute
alles so teuer geworden sei. Sie könnten dann ihre
Familie gar nicht richtig versorgen — so lautet Satans
Propaganda! Aber du darfst mir glauben — das ist eine
Lüge direkt vom ,,Vater der Lüge"! In dieser teuren
Zeit können wir es uns gar nicht leisten, den Zehnten
nicht zu geben! Die Inflation stammt vom Satan, deswegen brauchen wir Gott auf unserer Seite, damit Er
für uns den ,,Fresser" bedroht. Derweil können wir
ruhig alles verzehnten! In solchen schwierigen Zeiten wie
heute gibt es kein sichereres oder festeres Fundament
für unser Leben als das Wort Gottes. Aber einige Christen lassen sich von diesem Wort wohl nie etwas sagen!

Ich möchte hier das Zeugnis eines Landpredigers einfügen, der auf ungewöhnliche Weise die Treue Gottes kennenlernte. Er hat dieses Zeugnis einmal vor seiner Gemeinde weitergesagt, und da ich gerade dabei war, hörte ich mit großem Interesse zu.

„Vor vielen Jahren, als ich noch auf dem Lande in einer Pionierarbeit stand, reiste der bekannte baptistische Geschäftsmann H. Z. Duke durch unsere Gegend. Er hielt vor christlichen Geschäftsleuten und anderen Vorträge, während derer er die Zuhörer dazu aufrief, Gottes Wort ernstzunehmen und auszuprobieren, ob nicht Gott bereit sei, Seine Versprechungen zu halten. Ganz besonders wies Duke auf die Notwendigkeit und den Segen des Zehnten-Gebens hin. Nach einer Versammlung sollte ich Duke zur nächsten Station seiner Reise bringen.

Unterwegs sagte Herr Duke zu mir: »Herr Kuykendall, glauben Sie daran, daß man den Zehnten geben soll?«

»Jawohl«, antwortete ich. »Ich glaube nicht nur daran, sondern ich predige ab und zu mal darüber.«

«Aber, Bruder Kuykendall«, fuhr Duke fort, »geben Sie denn auch selber den Zehnten?«

Traurigerweise mußte ich diese Frage verneinen. »Nein. Ich glaube bestimmt daran, daß man den Zehnten geben soll, aber persönlich kann ich es nicht. Wissen Sie, ich habe zu Hause dreizehn Kinder, aber mein Gehalt beträgt monatlich lediglich $ 125.00 — das sind im Jahr nur $ 1500.00! (Das war sogar damals sehr wenig.) Aber mein Dienst erfordert, daß ich viel reise, darum muß ich diesen Pferdewagen und das Pferd dazu halten. Bei dem Gehalt wäre es unmöglich, 15 Personen zu versorgen, das Pferd und den Wagen zu behalten und auch noch den Zehnten zu geben. Gewiß glaube ich daran, daß man den Zehnten geben soll, aber ich habe einfach kein Geld dafür übrig.«

Herr Duke war ein sehr freundlicher Mensch. Er sagte mir: «Bruder Kuykendall, möchten Sie wirklich gern den Zehnten geben? Würden Sie dann den Zehnten geben, wenn ich Sie finanziell unterstützen würde, so daß Sie sicher sein könnten, nie zu kurz zu kommen?«

»Es wäre mir nichts lieber«, antwortete ich.

Also schlug mir Duke etwas vor: »Im Laufe des kommenden Jahres sollten Sie jeden Monat mindestens $ 12.50 dem Herrn opfern — und zwar am Anfang des Monats, sobald Sie Ihr Gehalt bekommen. Wenn Sie so geführt sind, dürfen Sie auch gerne mehr geben. Ich verspreche Ihnen, wenn Sie jemals in Schwierigkeiten geraten, will ich Ihnen zu Hilfe kommen. Dann brauchen Sie mir nur zu schreiben: ,Herr Duke, ich gebe meinen Zehnten, aber mir fehlt das Geld, das ich für meine Familie brauche. So und so viel habe ich bisher gespendet.' Ich verspreche Ihnen, daß ich mit gleicher Post einen Scheck abschicken werde. Möchten Sie es nicht ausprobieren, auf dieser Basis den Zehnten zu geben?«

Einen Augenblick zögerte ich, da mich meine Gefühle überwältigen wollten. Bruder Duke fügte hinzu: »Ich besitze 32 Geschäfte. Ich habe Geld genug. Es wird mir nicht schwerfallen, mein Versprechen einzulösen. Im Gegenteil, ich werde mich freuen, Ihnen zu helfen. Wollen Sie nicht das Risiko eingehen und anfangen, auf mein Versprechen hin jeden Monat den Zehnten zu geben? Wollen Sie mir vertrauen?«

Mit dankbarem Herzen nahm ich sein Angebot an. Ich sagte: »Bruder Duke, ich wollte schon lange anfangen, den Zehnten zu geben. Ich meinte aber immer, ich könnte es noch nicht. Aber jetzt kann ich es wohl. Gott sei Dank dafür! Dann muß ich mir nicht mehr wie ein Heuchler vorkommen, wenn ich anderen sage, sie sollen den Zehnten geben.«

Von der Zeit an begann ich, regelmäßig den Zehnten zu geben. Jeden Monat nahm ich als erstes den Zehnten aus meinem Gehalt und gab ihn dem Herrn. Wenn Gott mich so führte, gab ich auch mehr. Mein Gedanke dabei war immer: »Herr Duke hat mir versprochen, alles wieder auszugleichen, wenn ich zu wenig habe. Ich brauche ihn ja nur darum zu bitten, und schon schickt er mir einen Scheck.«

Aber dann geschah etwas Seltsames. Es kam mir nämlich vor, als würde unser Geld weiter reichen als zuvor. Beispielsweise fand ich einmal, nachdem ich auf dem Land gepredigt hatte, eine Kiste voller Eier hinten auf dem Wagen. Ein anderes Mal hatte jemand einen Schinken unter den Sitz gelegt. Einmal tat eine gläubige Frau eine Reihe Dosen mit Obst in den Wagen.

Ein benachbarter Bauer sagte einmal: »Bruder Kuykendall, Gott hat mich dieses Jahr schon so sehr gesegnet, daß ich den Weizen gar nicht mehr in meine Scheune unterbringen kann. Darf ich Ihnen vielleicht welchen abgeben fürs Pferd?« Ein anderer Nachbar kam einmal vorbei und lud mir einen ganzen Wagen voll Heu für unsere Kuh ab. Und seltsamerweise bekamen wir in dem Jahr keine Arztrechnungen! Sogar die Kleider der Kinder hielten länger. Es war eine wunderschöne Zeit. Ich hatte es niemals nötig, Herrn Duke um Geld zu bitten.

Als das Jahr fast vorbei war, erkannte ich, daß ich Herrn Dukes Worten einfach geglaubt hatte. Er hatte mir ja etwas versprochen, und ich war ganz schlicht darauf eingegangen. Doch hatte mein himmlischer Vater dasselbe Versprechen gegeben, und ich hatte gar nicht auf Ihn geachtet. Menschenwort hatte ich geglaubt, Gottes Wort nicht! Doch erwiesen sich die Verheißungen Gottes stets als wahr. Er sorgte immer für mich, auch wenn ich wenig Geld hatte. Unter dem Segen Gottes kam ich besser mit $ 112.50 zurecht als sonst mit $ 125.00!''

Damals stand dieser gläubige Mann vor seiner Gemeinde und weinte. Er fuhr bewegt fort: ,,Ich gebe seit vielen, vielen Jahren den Zehnten. Jedes Jahr ist mein Gehalt erhöht worden. Immer hatten wir genug. Wir sind nie zuschanden geworden. Außer bei meiner Bekehrung habe ich keinen so großen Segen erlebt als damals, als ich lernte, Gott für meine alltäglichen Bedürfnisse zu vertrauen.''

Gott beweist jedem, der Ihm vertraut, daß Er heute noch Treue hält. Er sorgt für alle, die Ihm die Erstlingsfrüchte ihrer Arbeit darbringen und den Zehnten geben. Er segnet solche, die am ersten nach dem Reich des Herrn und nach Seiner Gerechtigkeit trachten. Solche kann der Herr wahrhaftig im Überfluß beschenken!

FREIGEBIG SEIN

Denke über folgende dynamische Gottesworte nach. Sie werden dich dazu anleiten, freigebig zu sein. Sie werden dir Freude und Glaubensmut vermitteln.

1. „Was ihr einem von diesen meinen geringsten Brüdern getan habt, das habt ihr Mir getan" (Matthäus 25, 40).

2. „Denn wer euch darum einen Becher Wasser zu trinken gibt, weil ihr Christus angehört, wahrlich, Ich sage euch: Es wird ihm nicht unvergolten bleiben" (Markus 9, 41).

3. „Wer dem Armen gibt, dem wird nichts mangeln" (Sprüche 28, 27).

4. „Wenn du ... den Hungrigen dein Herz finden läßt und den Elenden sättigst, dann wird dein Licht in der Finsternis aufgehen, und dein Dunkel wird sein wie der Mittag" (Jesaja 58, 10).

5. „Bringt aber die Zehnten in voller Höhe in Mein Vorratshaus, auf daß in Meinem Hause Speise sei, und prüft Mich hiermit, spricht der Herr Zebaoth, ob Ich euch dann nicht des Himmels Fenster auftun werde und Segen herabschütten die Fülle" (Maleachi 3, 10).

6. „Wer reichlich gibt, wird gelabt, und wer reichlich tränkt, der wird auch getränkt werden" (Sprüche 11, 25).

7. „Ein jeder gebe, wie er's sich im Herzen vorgenommen hat, nicht mit Unwillen oder aus Zwang; denn einen fröhlichen Geber hat Gott lieb" (2. Korinther 9, 7).

8. „Ihr aber, seid getrost und laßt eure Hände nicht sinken; denn euer Werk hat seinen Lohn" (2. Chronik 15, 7).

9. „Wohl dem, der sich des Schwachen annimmt! Den wird der Herr erretten zur bösen Zeit" (Psalm 41, 2).

10. „Gott aber kann machen, daß Seine Gnade euch auf jede Weise reichlich zuteil wird, damit ihr in allen Dingen allezeit genug für euch selbst habt und noch reich seid zu jedem guten Werk" (2. Korinther 9, 8).

11. „Wer sich des Armen erbarmt, der leiht dem Herrn, und der wird ihm vergelten, was er Gutes getan hat" (Sprüche 19, 17).

12. „Gebt, so wird euch gegeben. Ein volles, gedrücktes, gerütteltes und überfließendes Maß wird man euch in den Schoß schütten; denn mit dem Maß, mit dem ihr meßt, wird man euch wieder messen" (Lukas 6, 38).

ZUSAMMENFASSUNG: Jetzt weißt du darüber Bescheid, daß Gott dir Wohlergehen und alles in Fülle verheißt, wenn du freigebig bist. Es ist ein edles Vorrecht, für die Sache des Herrn Geld spenden zu dürfen! Hast du Ihn schon dafür gepriesen, daß Er dich zu einem mutigen und freigebigen Spender macht?

Kapitel 11

Etwas Besseres

Viele Christen sind schon treu im Geben, wissen aber nicht, daß es im Glaubensleben noch weitere Schritte gibt, die sie mit Gott gehen können.

In unserer materialistischen Gesellschaft ist es ein mehr oder weniger notwendiges Übel, daß wir uns ständig um unsere Finanzen kümmern müssen. Man muß immer zusehen, daß man genug Geld hat. Wer es nicht hat, unterliegt sehr schnell der Gefahr, sich in Schulden zu stürzen.

Meine Frau und ich heirateten verhältnismäßig früh; wir waren erst 28 Jahre alt, als unsere Jüngste, Marisa, geboren wurde. Natürlich mußten wir sehr viel Geld aufbringen, um uns selbst und fünf Kinder zu ernähren — und meistens besaß ich eben nicht so viel. Meine Frau wurde krank, und solange der Herr sie nicht heilte, mußte ich meinen Dienst unterbrechen und zu Hause bleiben, um auf die Kinder aufzupassen. Ich wußte zu dem Zeitpunkt nicht mehr weiter und tat das einzige, was mir einfiel: ich überzog mein Konto und machte Schulden.

Sogar nach vielen Jahren, nachdem Gott uns die Prinzipien des Gebens, wie wir sie im letzten Kapitel besprachen, beigebracht hatte, machten wir bei verschiedenen Anlässen Schulden. Wir mußten uns in unserem Dienst für den Herrn sogar oft verschulden, wenn es um kostspielige Angelegenheiten ging. Aber während der 60er Jahre fing der Herr an, bezüglich meiner Schulden mit mir zu reden. Durch Hinweise etlicher Seiner Kinder offenbarte Er mir Seinen Willen, so daß ich von der Zeit an wußte: Ich muß meine Schulden bezahlen!

Als ich einmal in Chikago einen Predigtdienst hatte, las ich in der örtlichen Zeitung einen Artikel, der mir besonders auffiel. Der Artikel enthielt den Bericht einer Frau, die 50 Jahre glücklich verheiratet gewesen war.

Sie schrieb folgendermaßen: ,,Ich weiß, warum John und ich in allen diesen Jahren so glücklich sein konnten. Wir haben es uns nämlich zur Regel gemacht, niemals Schulden zu haben. Ich wohne selber seit 68 Jahren in Chikago, und während dieser ganzen Zeit habe ich niemals auch nur einen Cent geschuldet.

Ich glaube, viele Menschen werden dadurch unglücklich, daß sie mehr Geld ausgeben, als sie verdienen. Mein Mann und ich, wir haben uns immer nur das gekauft, was wir uns leisten konnten — und weiter nichts!''

Wahrscheinlich war diese Frau nicht gläubig, doch sprach sie mich sehr stark an mit dem, was sie zu sagen hatte. Ich konnte nicht umhin, mich daran zu erinnern, daß die Bibel Ähnliches sagt (Römer 13, 7—8): ,,So gebt nun jedem, was ihr schuldig seid: Steuer, dem Steuer zusteht; Zoll, dem Zoll zusteht; ... Seid niemand etwas schuldig, außer daß ihr einander liebt.''

Wer Schulden hat, begibt sich in die Knechtschaft:

„Wer borgt, ist des Gläubigers Knecht", sagt die Bibel (Sprüche 22, 7).

Ungefähr zu derselben Zeit hörte ich die weisesten Worte, die ich jemals zu diesem Thema gehört habe. Sie stammen von dem bekannten Prediger T. DeWitt Talmage:

„Schulden! Nichts kann den Charakter eines Menschen mehr untergraben als Schulden! Schulden zerstören mehr Familien und Ehen als der Alkohol. Leute, zahlt eure Schulden! Dann kannst du ruhigen Gewissens jedem in die Augen schauen. In der heutigen Gesellschaft sind Schulden eine der größten Ursachen der Unehrlichkeit.

Heutzutage prahlt die junge Generation sogar mit ihren Schulden, so daß unsere Gesellschaft von dieser Seuche vergiftet ist. Der Lebensstandard wird immer höher, es wird immer mehr Luxus gefordert, aber das Geld ist einfach nicht da, um diese Gelüste auf ehrliche Weise zu befriedigen. Darum stürzt man sich lieber in Schulden, als auf die schönen Sachen zu verzichten. Aber Schulden werden jedem zu einem Strick um den Hals, wenn er sie nicht sofort bezahlt. Mache am besten gar keine Schulden! Oder wenn du sie schon hast, dann zahle sie ab, so schnell du irgend kannst. Wer Schulden hat, ist nicht mehr sein eigener Herr, denn er ist nunmehr auf die Gnade seiner Gläubiger angewiesen. Kein Mensch kann frei sein, wenn er Schulden hat. Wer Schulden hat, wird ständig nur entmutigt und gedemütigt."

Meines Erachtens sind die Ratschläge der Frau aus Chikago und von Bruder Talmage ausgezeichnet!

Joyce und mir tat es weh, als wir diese Mahnung aus dem Worte Gottes annahmen und beschlossen, unsere Schulden abzuzahlen. Aber wir beriefen uns auf das

Wort des Paulus: „Ich vermag alles durch den, der mich stark macht" (Philipper 4, 13). Wir bezogen das Wort stets auf unsere persönliche Situation, etwa: „Ich vermag es, meine Schulden abzuzahlen, durch den, der mich stark macht." Gott fordert nie etwas von uns, was wir nicht können; darum gingen wir an die Arbeit, und bald hatten wir es geschafft, alles zurückzuzahlen. Über Nacht ging das allerdings nicht. Eine Rechnung von der Werkstatt, wo sie meinen Wagen repariert hatten, bezahlte ich in Raten ab: 75 mal wöchentlich zwei Dollar.

Es taucht natürlich die Frage auf, warum mir der Herr nicht half, alles auf einmal zu bezahlen. Ich kann diese Frage kaum befriedigend beantworten, obwohl ich vermute, daß Er mir dadurch Geduld und Ausharren im Glauben beibringen wollte. Es gab andere Schulden, für die ich durch ein Wunder sofort das Geld erhielt.

Einmal sollte mein Wagen von der Firma wegen meiner Schulden beschlagnahmt werden, doch griff der Herr im letzten Augenblick ein, so daß ich ihn behalten durfte. Aber wie auch immer der Herr mit meinen Problemen fertig wurde, zweifelte ich nie daran, daß Er mir helfen würde, alles abzuzahlen. Und in weniger als zwei Jahren war ich tatsächlich schuldenfrei!

Jeder, der dieses Buch liest, kann die gleiche herrliche Freiheit erleben! Denn unser großer Gott hilft uns in Christus, jeden Pfennig zu zahlen. Er läßt uns alles zufallen, wenn wir nach Seinem Reich trachten, so daß wir wirklich frei sein können: „Wenn nun der Sohn euch frei macht, so seid ihr wirklich frei" (Johannes 8, 36).

Hier möchte ich aber hinzufügen, daß ich mich mit diesen Ausführungen nicht unbedingt auf Häuser oder

Autos beziehe. Diese teuren Sachen werden üblicherweise über eine längere Frist gekauft; da muß sich jeder vom Geist Gottes leiten lassen, wie geschrieben steht: „Denn die der Geist Gottes treibt, die sind Gottes Kinder" (Römer 8, 14).

Aber wir Gossetts kamen nicht nur als Familie von unseren Schulden frei; auch unser Dienst wurde davon befreit. Bald hatten wir nämlich erkannt, daß diese Prinzipien nicht nur für das persönliche Leben gelten, sondern auch für das Werk des Herrn. Die Bibel nennt uns ja verschiedene Beispiele, wie man das Werk des Herrn gottgefällig finanzieren kann (2. Mose 35, 4—9; 1. Chronik 29, 2—9; 2. Könige 12, 4—12). Die Israeliten haben jedes Mal die Mittel gesammelt, bevor sie mit dem Bauen anfingen. Das Volk spendete willig, sagt die Bibel, und empfing dadurch große Freude.

Also sollte auch unser Dienst ganz frei von Schulden sein! Das würde gewiß nicht leicht, das wußten wir von vornherein. Es sollte ein Kampf des Glaubens werden. Doch mußten wir Bruder Talmage zustimmen: Schulden entmutigen und nehmen einem die Freiheit.

Wir wollten aber frei sein, damit wir das Evangelium so unbelastet wie irgend möglich predigen konnten. Es ist nicht der Wille des Vaters, daß Werke, die Seinen Sohn verherrlichen sollten, durch Schulden erniedrigt werden.

Mit einem inbrünstigen Gebet brachten wir unsere Schulden dem Herrn dar, und dann unternahmen wir einige Schritte, um die Schulden abzuzahlen. Wir setzten uns sogar einen bestimmten Termin, vor welchem wir die Schulden weg haben wollten. Dann glaubten wir dem Herrn, daß Er uns helfen würde, den weltweiten Dienst, in dem wir stehen, ohne Schulden zu tun.

Und der Herr war treu! Er gab uns alles, was wir

nötig hatten. Er wirkte durch so viele verschiedene Personen und auf so vielfältige Weise, daß ich immer wieder vor Ehrfurcht und Dank innehalten mußte, wenn ich darüber nachdachte. Wir haben einen mächtigen Vater, der uns liebt!

GEBEN IST DER SCHLÜSSEL

Wenn wir aus unseren Schulden heraus und in die herrliche Freiheit der Kinder Gottes hineingehen wollen, dann müssen wir erkennen, daß der Schlüssel im Geben liegt. Hat der „Fresser" deine Finanzen in der Hand? Denke daran: Wenn wir Gott berauben, kann der „Fresser" ungehindert arbeiten. Aber wenn wir Gott mit unseren Erstlingsfrüchten ehren, bedroht Er um unsertwillen den „Fresser" und gibt uns das Geld — oder was wir auch immer brauchen —, damit wir nicht mehr Not leiden müssen.

Ich habe schon oft über den Text gepredigt: „Seid niemand etwas schuldig." Man hat mich verschiedentlich danach gefragt: „Wenn Gott will, daß ich meine Schulden abzahle, sollte ich dann nicht lieber zuerst aufhören zu opfern, bis es so weit ist? Wäre es nicht angebrachter, meine Schulden erst abzuzahlen und dann erst den Zehnten zu geben?"

Wenn du dir diese Frage auch stelltest, dann möchte ich dir als Antwort darauf das Zeugnis eines bekannten Journalisten weitergeben. Der Journalist heißt Wade C. Smith und erzählt alles hier in seinen eigenen Worten:

„Wenn jemand mir Geld schuldete, von dem ich wußte, daß er kaum in der Lage sein würde, es zurückzuzahlen, riet ich ihm immer, dem Herrn seinen Zehnten zu bringen. Ich bin der festen Überzeugung, daß jeder, der seinen Zehnten in die Arbeit des Herrn gibt, später auch jeden Cent seiner Schulden wird zurückzahlen können, weil Gott solche segnet, die den Zehnten in aller Treue geben. Als ich selber anfing, den Zehnten in die Gemeinde zu geben, habe ich ernste finanzielle Probleme gehabt, die aber in kürzester Zeit gelöst wurden. Zudem noch: Der finanzielle Segen, den ich empfing, war keineswegs so groß wie der geistliche Segen, den der Herr auf mich herabschüttete.

Wie kam es aber, daß ich überhaupt damit anfing, den Zehnten zu geben? Kurz nachdem ich angefangen hatte, selber zu verdienen, passierte ein Unglücksfall, der mich tief in die roten Zahlen stürzte. Ich versuchte, mich selbst aus dem Schlamassel herauszuarbeiten, aber immer wieder ereigneten sich Pannen, so daß ich immer tiefer absackte. Ich kam mir manchmal wie ein Frosch vor, der aus einem Brunnen herausspringen will. Ich sprang zwei Meter hoch und fiel drei Meter zurück!

Ich wurde sehr entmutigt und hatte mehr oder weniger die Hoffnung aufgegeben, jemals schuldenfrei leben zu können. Zu dieser Zeit überredete mich jemand, meinen Zehnten in die Gemeinde zu geben. Die ganze Idee kam mir zuerst so lächerlich vor, daß ich gar nicht daran denken mochte. Ich meinte sogar, es wäre unehrlich, Geld in die Gemeinde zu geben, das ich anderen schuldete. Es war mein Plan, alle Schulden abzuzahlen, bevor ich anfing, der Gemeinde Geld zu opfern.

Als Christ machte ich mir jedoch Sorgen darüber, weil ich wußte, daß uns die Bibel auffordert, unser Geld in die Gemeinde zu geben. Ein Zehntel unseres Einkommens gehört dem Herrn. Darum betete ich um Licht und Erkenntnis in dieser Angelegenheit, da ich wissen wollte, wozu ich wirklich unter diesen heiklen Umständen verpflichtet war. Und dann geschah es: Ich bekam eine überraschende Erkenntnis, nämlich, daß der Herr selbst mein erster Gläubiger ist! »Ist's recht, daß ein Mensch Gott betrügt, wie ihr Mich betrügt! ... Mit dem Zehnten und der Opfergabe« (Maleachi 3, 8).

Wenn irgendein Gläubiger den Vorrang erhalten sollte, dann doch Gott! Er hatte ja bestimmt den höchsten Anspruch! Zwei Verse später las ich die Verheißung Gottes, daß Er uns des Himmels Fenster auftun will, wenn wir Ihm vertrauen und den Zehnten in Sein Haus bringen (Maleachi 3, 10). Ich entschloß mich, einen Anfang zu machen und mich auf diesen Vers zu berufen, wenn es Schwierigkeiten geben sollte. Die ersten beiden Monate waren dann tatsächlich schwer, so daß ich mich oft auf diesen Vers berufen mußte! Eine Zeitlang dachte ich sogar, daß Gott wohl vergessen habe, des Himmels Fenster aufzutun, denn ich merkte noch nichts davon! Aber ich entschloß mich, abzuwarten, was Gott noch alles tun würde. Um sicher zu gehen, schrieb ich alles genau auf, was ich in die Gemeinde gab — Gott sollte doch zu Seinem Recht kommen! *Aber dann ist tatsächlich etwas geschehen!* Allerhand Ideen fielen mir plötzlich ein, wie ich zu Geld kommen könnte. Solche Sachen wären mir im Traum nie gekommen, bevor ich anfing, mein Einkommen zu verzehnten. Leider fehlt mir hier der Raum, um alles aufzuzählen. Aber in weniger als einem Jahr hatte ich alles abbezahlt und hatte angefangen, ein eigenes Haus zu kaufen. Bis dahin hatte ich nur zur Untermiete gewohnt. Ich habe es sogar geschafft, etwas auf meine alten Tage hin zu sparen!

Wunderbar, nicht wahr? Und doch blieb es für mich die größte Freude, dem Herrn Seinen Teil zu geben.

Nach einiger Zeit gab ich mehr als bloß ein Zehntel meines Einkommens in die Gemeinde. Später wurde es sogar ein Fünftel meines Bruttoeinkommens!

Früher habe ich immer die Zähne zusammengebissen, wenn in der Gemeinde ein Aufruf gegeben wurde, für die Mission oder für Gemeindeangelegenheiten zu spenden. Das war klar, denn ich steckte selbst so tief in Schulden. Aber nachdem die Schulden abbezahlt waren, freute ich mich über jeden Ruf vom Herrn, denn in Seiner Kasse gibt's immer etwas! Ich fühlte mich nämlich als Verwalter Seines Geldes und nicht mehr als Herr meines Privateigentums.

Es wäre mir besser ergangen, wenn mir jemand diese Wahrheiten erzählt hätte, als ich erst 15 Jahre alt war. Dadurch, daß ich sie so spät erfuhr, habe ich vieles durchmachen und viel Freude verpassen müssen! O dieses finanzielle Elend! Wenn ich das Geheimnis nur gewußt hätte! Bevor ich anfing, den Zehnten zu geben, kam es mir vor, als stünden meine Finanzen unter einem Fluch. Seitdem ich aber den Zehnten gebe, erlebe ich im finanziellen Bereich nur noch Segen!

Die letzten 21 Jahre habe ich keine Geldsorgen mehr! Manchmal wird es natürlich etwas knapp, aber dann rufe ich mir immer die Tatsache ins Bewußtsein, daß der Herr mein Geschäftspartner ist. Er und ich zusammen, wir kriegen das schon hin! Ich weiß einfach, daß es geht — und bisher ist es auch immer gegangen!"

In der ganzen Geschichte der Menschheit hat es wahrscheinlich noch nie eine Zeit gegeben wie die unsere, in der es so schwierig ist, ohne Schulden auszukommen. Es gibt eine immer stärker werdende Tendenz, alles *sofort* haben zu wollen. Heute ist es außerdem so leicht wie nie zuvor, einen Kredit aufzunehmen, und meistens muß man nicht einmal sofort anfangen, die Summe zurückzuzahlen. Aber dieses Kreditsystem ist eine Erfindung Satans, die für uns Christen eine Versuchung darstellt, der wir widerstehen sollten! Somit können wir beweisen, daß Gott andere Wege hat, die besser sind als diejenigen, die diese Welt anzubieten hat! Mutige Christen, wagt es einmal, von euren Schulden frei zu werden!

Wenn du auf der Suche nach etwas Besserem bist, aber mit deinen Schulden Probleme hast, dann möchte ich dir folgende vier Ratschläge geben:

1. Gib ein Zehntel deines Gesamteinkommens in die Gemeinde, und opfere regelmäßig darüber hinaus. Betrüge nicht den Gott, den du um Hilfe bitten möchtest.

2. Bete darum, daß Gott dir helfen möge, deinen gegenwärtigen Verpflichtungen nachzukommen und gleichzeitig deine alten Schulden abzuzahlen. Berufe dich auf Sein Wort! ,,Mein Gott aber wird all euren Mangel ausfüllen nach Seinem Reichtum in Herrlichkeit in Christus Jesus" (Philipper 4, 19).

3. Strenge dich selbst ein wenig an und bezahle etwas von deiner alten Schuld ab; suche einen gläubigen Berater auf, wenn du nicht weißt, wie du damit anfangen sollst. Es kann sein, daß du deine Schulden nur in kleinen Raten abzahlen kannst. Doch wirst du es im Laufe der Zeit fertig bringen — sogar schneller als du denkst! ,,Alles vermag ich durch den, der mich stark macht" (Philipper 4, 13).

4. Bleibe stets in der Freude, weil Gottes Wort die Wahrheit ist! Wir können uns darauf verlassen. Gott hat verheißen, daß Sein Wort nicht leer zu Ihm zurückkommen wird, sondern es wird ihm gelingen, wozu Er es sendet (Jesaja 55, 11).

GELDSORGEN?

Geldsorgen! Wie oft bin ich in der Vergangenheit wegen meiner Geldsorgen deprimiert gewesen. Das freudige Lied auf den Lippen ist so schnell verschwunden, wenn wir Geldsorgen haben. Aber Gottes Wort verspricht, daß wir davon loskommen können! Lies dir jetzt diese 16 Bibelstellen durch, die dir sagen, warum du nie wieder Geldsorgen zu haben brauchst:

1. „Mein Gott aber wird all euren Mangel ausfüllen nach Seinem Reichtum in Herrlichkeit in Christus Jesus" (Philipper 4, 19).

2. „Bittet, so wird euch gegeben; sucht, so werdet ihr finden; klopft an, so wird euch aufgetan" (Lukas 11, 9).

3. „Seht die Raben an: sie säen nicht, sie ernten auch nicht, sie haben auch keinen Keller und keine Scheune, und Gott ernährt sie doch. Wieviel besser seid ihr als die Vögel" (Lukas 12, 24).

4. „Alle eure Sorge werft auf Ihn; denn Er sorgt für euch" (1. Petrus 5, 7).

5. „Der Herr gibt Gnade und Ehre. Er wird kein Gutes mangeln lassen den Frommen" (Psalm 84, 12).

6. „Euer himmlischer Vater weiß ja, daß ihr das alles braucht" (Matthäus 6, 32).

7. „Bisher habt ihr in Meinem Namen noch nie um etwas gebeten. Bittet, so werdet ihr empfangen, damit eure Freude vollkommen ist" (Johannes 16, 24).

8. „Fürchte dich nicht, du kleine Herde! Denn es hat eurem Vater gefallen, euch das Reich zu geben" (Lukas 12, 32).

9. „Hoffe auf den Herrn und tu Gutes, bleibe im Lande und nähre dich redlich" (Psalm 37, 3).

10. „Ich bin jung gewesen und alt geworden und habe noch nie den Gerechten verlassen gesehen und seine Kinder um Brot betteln" (Psalm 37, 25).

11. „Wenn schon ihr, die ihr doch böse seid, dennoch euren Kindern gute Gaben geben könnt, wieviel mehr wird euer Vater im Himmel denen Gutes geben, die Ihn darum bitten" (Matthäus 7, 11).

12. „Trachtet vielmehr nach Seinem Reich, so wird euch das alles zufallen" (Lukas 12, 31).

13. „Das Wenige, das ein Gerechter hat, ist besser als der Überfluß vieler Gottloser" (Psalm 37, 18).

14. „Aber auch die Haare auf eurem Haupt sind alle gezählt. Darum fürchtet euch nicht; ihr seid besser als viele Sperlinge" (Lukas 12, 7).

15. „Wenn denn Gott das Gras, das heute auf dem Feld steht und morgen in den Ofen geworfen wird, so kleidet, wieviel mehr wird Er euch kleiden?" (Lukas 12, 28).

16. „Aber euer Vater weiß, daß ihr das braucht" (Lukas 12, 30).

ZUSAMMENFASSUNG: Wenn es um unser Seelenheil geht, leben wir gemäß Johannes 3, 16. Wenn es um unser finanzielles Wohlergehen geht, dürfen wir genauso nach den vorher aufgeführten Versen leben! Erwarte, daß Gott dein Leben lang Seine Verheißungen an dir wahr macht! Der große Gott sorgt für dich. Er kann dich von deinen Schulden befreien und dich auch frei halten. Ihm sei Preis und Ehre!

Kapitel 12

„Ich will dich über viel setzen"

Ich habe mich immer für verschiedene Sportarten begeistert. Als junger Mann spielte ich Basketball, Baseball und Fußball, und außerdem nahm ich an Wettbewerben im Boxen und in der Leichtathletik teil. Bei allen diesen Sportarten muß man sich selbst disziplinieren und Ausdauer lernen, wenn man es zu etwas bringen will. Im mutigen Christenleben ist es aber auch nicht anders!

Im Jahre 1950 ließ die Associated Press den „größten Athleten des Jahrhunderts" wählen. Als Sieger ging Jim Thorpe hervor, der in vielen verschiedenen Sportarten großartige Leistungen gebracht hatte: Leichtathletik, Fußball, Hockey, Zehnkampf, Basketball und Baseball. In allen war er ein hervorragender Sportler. Er erhielt dann auch bei der Wahl viel mehr Stimmen als seine Rivalen Babe Ruth, Jack Dempsey und Red Grange.

Ich habe Jim Thorpe nie persönlich kennenlernen dürfen, doch bewundere ich seine tollen Leistungen,

besonders was er bei den olympischen Spielen vollbracht hat. Jim war Cherokee-Indianer aus Oklahoma,
und da ich ebenfalls aus Oklahoma stamme und india-
nisches Blut in den Adern habe, interessierte mich seine
Karriere von vornherein.

Bei der Olympiade in Stockholm zog Jim die Auf-
merksamkeit der ganzen Welt auf sich mit seinen fanta-
stischen Leistungen. Bei dieser Gelegenheit gratulierte
ihm König Gustav V. von Schweden und sagte: ,,Sie
sind der beste Leichtathlet der Welt." Jim antwortete:
,,Ja, Majestät."

Wenn du und ich auch unser Bestes tun und in der
Aufgabe treu bleiben, die der Herr uns gegeben hat,
werden wir eines Tages von König Jesus die Worte zu
hören bekommen: ,,Recht so, du tüchtiger und treuer
Knecht. ... Geh hinein zum Freudenfest deines
Herrn!" Das wird *der* große Tag sein!

Von diesem großen Tag erzählte Jesus ein Gleichnis
im 25. Kapitel des Matthäusevangeliums: das Gleichnis
der anvertrauten Zentner. Ein reicher Mann wollte in
ein fernes Land reisen und hinterließ einen Teil seines
Reichtums bei seinen Dienern. Dem ersten Diener gab
er fünf Zentner (das sind Geldstücke), dem zweiten gab
er zwei Zentner und dem dritten nur einen. Die Bibel
sagt ausdrücklich, daß er jedem Diener ,,nach seiner
Fähigkeit" gab.

Während der Reise des reichen Herrn blieben diese
drei Diener als Verwalter seines Reichtums zurück. Der
mit den fünf Zentnern machte ein Geschäft damit, so
daß er fünf Zentner dazu bekam. Der mit den zwei
Zentnern tat das gleiche, so daß auch er seines Herrn
Vermögen verdoppelte. Aber der dritte Diener war ein
schlechter Verwalter: Er ging hin und begrub seinen
Zentner in der Erde. Als dann der reiche Mann von sei-

ner Reise zurückkehrte, sagte er den ersten beiden Dienern: „Recht so, du tüchtiger und treuer Knecht, du bist mit wenig treu gewesen, *ich will dich über viel setzen;* geh hinein zum Freudenfest deines Herrn!" Aber dem, der aus Angst vor dem eigenen Herrn seinen Zentner begraben hatte, sagte er: „Du böser und fauler Knecht! ... Du hättest mein Geld zu den Wechslern bringen sollen, und wenn ich zurückgekommen wäre, hätte ich, was mir gehört, mit Zinsen zurückerhalten. Darum nehmt ihm den Zentner ab und gebt ihn dem, der zehn Zentner hat. Denn jedem, der etwas hat, dem wird noch mehr gegeben werden, und er wird übergenug haben; wer aber nichts hat, dem wird auch das, was er hat, genommen werden" (Matthäus 25, 26—29).

So ist es auch im Reich Gottes. Unser Herr und Meister Jesus Christus ist auf eine lange Reise gegangen, von der Er erst bei Seiner Wiederkunft zurückkehren wird. Bis dahin hat Er jedem einzelnen von uns Talente, Fähigkeiten, Besitz, Begabungen, Berufung und eine Lebensaufgabe verliehen. Ich weiß genau, daß Er mir den Dienst der weltweiten Radiomission anvertraut hat; ich habe die Aufgabe, evangelistische Bücher zu schreiben und zu verlegen; und ich bin berufen, den Indianern das Evangelium zu predigen. Dir hat Er andere Fähigkeiten und Aufgaben gegeben. Vielleicht hast du den Auftrag, für Ihn zu singen. Es mag sein, daß du berufen bist, Hirte einer Gemeinde zu sein. Andere haben den Ruf, in einem weltlichen Beruf Christi Zeugen zu sein, andere sollen sich um ihre Familie kümmern, noch andere haben den Dienst der Fürbitte. Es gibt viele verschiedene Aufgaben, zu denen wir berufen sind.

Aber bist du treu darin! Bin ich in meinem Dienst

treu? Der reiche Herr lobte diejenigen unter seinen Dienern, die ihre Zentner vermehrten. Und den einen Knecht, der seinen Zentner in der Erde aufbewahrte, bezeichnete er als böse und faul.

Diesen Vorwurf möchte ich von meinem Herrn Jesus nicht hören müssen, wenn Er wiederkommt. Es ist mein Herzenswunsch, daß Er mich an jenem Tage als einen treuen und tüchtigen Diener loben kann. Ich möchte als „ein treuer und kluger Verwalter" erfunden werden, „den der Herr über Seine Leute setzen wird" (Lukas 12, 42).

Wir, die wir mutige Bibelchristen sein wollen, müssen das Prinzip der geistlichen Verwalterschaft lernen. Wenn wir treu bleiben, wird uns der Herr zur Belohnung über viel setzen. Und wenn wir in den alltäglichen, „irdischen" Dingen treu bleiben, wird Er uns später geistliche Reichtümer anvertrauen! Jesus selbst sagte: „Wer im Kleinsten treu ist, der ist auch im Großen treu; und wer im Kleinsten unehrlich ist, der ist auch im Großen unehrlich. Wenn ihr nun mit dem ungerechten Mammon nicht treu seid, wer wird euch das wahre Gut anvertrauen?" (Lukas 16, 10 + 11).

Das wahre Gut, nämlich die Reichtümer des Evangeliums, wird nur solchen anvertraut, die im Kleinen Jesus gehorchten, während sie noch am Anfang des Weges mit Ihm standen. Paulus ermutigte Timotheus in bezug auf die reine Lehre: „Das vertraue zuverlässigen Menschen an" (2. Timotheus 2, 2). In jedem Bereich unseres Lebens sollten wir bemüht sein, uns als zuverlässig zu erweisen. Das gilt natürlich besonders im finanziellen Bereich!

Wußtest du, daß dein Eigentum eigentlich dem Herrn gehört? Der Herr hat uns nur zu Verwaltern eingesetzt. Wenn wir recht mit unserem Besitz umgehen, bringen wir Ihm Ehre. Wer in diesen Dingen treu ist, wird den Segen Gottes an sich erfahren!

Joyce und ich durften erleben, wie sich dieses geistliche Prinzip in unserem Dienst bewahrheitete. Am Anfang hatten wir nämlich kaum eigenen Besitz. Wir hatten keine Wohnung und keine Möbel, nur ein altes Auto, das bald auseinanderfallen wollte. Aber das Prinzip der geistlichen Verwalterschaft hatten wir erkannt. Wir stärkten uns in unserem Gott und verwalteten das Wenige, das Er uns anvertraut hatte, treu und ehrlich. Unseren uralten Wagen haben wir so geputzt, als hätten wir ihn direkt vom Herrn Jesus persönlich geschenkt bekommen. Wo immer wir übernachteten, ob in einer Privatwohnung oder in einem Hotelzimmer, wir haben uns immer die Mühe gemacht, alles sauber zu halten. Das war unser Zeugnis für Jesus. In dieser Zeit beschenkte Er uns immer wieder mit der Gnade, uns selbst nicht zu bemitleiden. Wir durften wie gute Soldaten die Schwierigkeiten ertragen und vorangehen!

Mit der Zeit begann unser Dienst zu gedeihen. Der Herr belohnte uns mit einem kleinen Haus, das uns dann anvertraut wurde. Für uns war das ein großer Sieg!

Als wir einzogen, besaßen wir als Möbel nur einige alte Betten. Wir benutzten alte Apfelsinenkisten als Tische und Stühle. Aber der Herr fuhr fort zu segnen, so daß wir uns nach einer Weile auch ein Wohnzimmer leisten konnten. Es dauerte nicht allzulange, da war das ganze Haus schon ausgestattet. Es sind inzwischen wieder viele Jahre vergangen, aber meine Frau und ich haben unsere Verwalterschaft immer ernstgenommen. Meine Frau hat das Haus immer sorgfältig geputzt und gepflegt; ich habe immer versucht, ihr dabei zu helfen, und außerdem polierte ich unser Auto immer blank. In allen diesen Dingen durften wir vom Herrn lernen, was es heißt, gute Verwalter zu sein.

Auch in unserem Dienst oder in unserer Lebensaufgabe können wir beweisen, daß wir „zuverlässige Menschen" sind. Paulus ermahnt uns: „Sieh zu, daß du den Dienst erfüllst, den du im Herrn empfangen hast" (Kolosser 4, 17).

Jedes Königskind hat einen Dienst empfangen! Vielleicht meinst du: „Ich doch nicht! Ich arbeite bloß in einem Büro!" oder: „Ich bin nur da, um auf die Kinder aufzupassen." Aber es stimmt trotzdem: Jeder wiedergeborene Bibelchrist hat einen Dienst von unserem Herrn Jesus Christus empfangen.

Wie ich schon erwähnte, hatten Joyce und ich früher keine eigene Wohnung. Oft brachte uns unser Dienst nicht einmal genug Geld ein, daß wir uns ein Zimmer hätten mieten können. Wir konnten nur dadurch einigermaßen auskommen, daß uns Geschwister zeitweilig aufnahmen. Eine Zeitlang wohnten wir bei Ed und Georgia Tharpe, später bei Bill Bennett und seiner Frau. Diese lieben Menschen, die so viel für uns getan haben, werden eines Tages einen besonderen Lohn dafür erhalten — so steht es geschrieben!

Manchmal hatten wir aber auch keine Möglichkeit, bei den Tharpes oder den Bennetts unterzukommen. Ich muß mit Tränen an ein älteres Ehepaar zurückdenken, das wir — wie auch ihre eigenen Kinder — „Papa und Mama Myers" nannten. Dieses Ehepaar machte uns das Angebot, wenn wir nirgends unterkommen könnten, dürften wir bei ihnen übernachten.

Dieses Angebot nahmen wir das erste Mal in Anspruch, als wir einmal am sehr späten Abend mitten im Winter in ihrer Stadt ankamen. Wir hatten gerade eine ermüdende Evangelisationsreise hinter uns, doch besaßen wir einfach nicht genug Geld, um ein Hotelzimmer für die Nacht zu buchen. Eine Zeitlang fuhren wir im Auto hin und her und überlegten uns, ob wir so spät bei Myers einkehren dürften. Aber letzten Endes blieb uns nichts anderes übrig, also fuhren wir vor und klopften bei ihnen an. In den darauffolgenden Jahren machten wir immer wieder dieselbe Erfahrung: wir wurden aufs allerherzlichste empfangen!

Papa und Mama Myers taten den Dienst, zu dem sie vom Herrn her berufen waren! Sie waren stets gastfreundlich (Römer 12, 13). Sie erfüllten treu diese Aufgabe und boten mir und meiner Frau Obdach als Dienern des Herrn.

Joyce und ich haben uns damals oft genug überlegt, ob wir nicht in unseren weltlichen Beruf zurückkehren sollten, damit wir uns wenigstens eine Wohnung leisten könnten. Aber treue Gotteskinder wie Tharpes, Bennetts und Myers machten es uns möglich, weiter im Dienst des Herrn zu bleiben. Zwischenzeitlich hat Gott uns so reich gesegnet, daß wir nicht mehr daran denken müssen, den alten Beruf aufzunehmen.

Viele Christen stehen unter dem falschen Eindruck, sie könnten nur dann dem Herrn dienen, wenn sie vollamtlich in die Reichsgottesarbeit einsteigen. Aber das stimmt ganz und gar nicht! Ein glaubensmutiger Christ muß immer und zu jeder Zeit das Angesicht des Herrn suchen, um wissen zu können, welchen Dienst er gerade verrichten soll.

Es gibt viele Geschwister im Herrn, die noch nicht erkannt haben, daß ihr Dienst vom Herrn im Bereich ihres weltlichen Berufes liegt. Das stimmt, auch wenn der Chef nicht gläubig ist! Die Bibel sagt eindeutig, daß wir immer für Gott und nicht nur für die Menschen arbeiten: ,,Nicht mit Liebedienerei, um den Menschen zu gefallen, sondern mit aufrichtigem Herzen in der Furcht des Herrn. Alles, was ihr tut, das tut von Herzen als dem Herrn und nicht den Menschen, denn ihr wißt, daß ihr vom Herrn als Lohn das Erbe empfangen werdet. Dient dem Herrn Christus!" (Kolosser 3, 22—24).

Lieber Christ, diene in deinem weltlichen Beruf dem Herrn Christus! Ob du einen Brief schreibst, an einem Haus baust oder ein Kind unterrichtest, diene dabei dem Herrn!

Sei nicht weltlich gesinnt. Weltmenschen sind oft faul und versuchen, bei einem Acht-Stunden-Tag so wenig zu arbeiten wir irgend möglich. Aber du sollst ein mutiger Bibelchrist sein! Arbeite von Herzen als dem Herrn! Es kann mitunter sehr normal und alltäglich sein, dem Herrn zu dienen. Ein mutiger Bibelchrist hat hohe Maßstäbe: Er ist pünktlich, er respektiert seine Vorgesetzten und arbeitet, ohne zu murren oder zu zweifeln (Philipper 2, 14). Er nimmt auch nicht an dem Klatsch der anderen Angestellten teil (Römer 1, 29), sondern jagt dem Frieden nach mit allen Menschen (Hebräer 12, 14).

In unserer heutigen Zeit nehmen Rebellion und Aufruhr überhand, so daß es auch uns Christen schwerfallen kann, diese Maßstäbe aufrechtzuerhalten. Aber betrachte gerade das als ein Teil deines Dienstes für Jesus. So kannst du ohne Tadel und lauter sein, ein Kind Gottes ohne Makel mitten unter einem verderbten und verkehrten Geschlecht, unter dem du leuchtest als ein Licht in der Welt (Philipper 2, 15).

Natürlich gibt es Zeiten im Leben eines jeden Christen, in denen er sich wünscht, für den Herrn etwas Außerordentliches zu vollbringen. In solchen Zeiten muß man sich erinnern, daß die Bibel sagt: „Ein jegliches hat seine Zeit, und alles Vorhaben unter dem Himmel hat seine Stunde" (Prediger 3, 1). Im Dienst des Herrn ist es vor allem wichtig zu wissen, welches Ziel Er einem gesteckt hat, und dann in aller Treue nach diesem Ziel zu jagen.

Manchmal bekommen wir sogar den inneren Auftrag, etwas Besonderes zu tun, aber wir erkennen den Zeitplan nicht, den Gott sich vorbehalten hat. Dann sollten wir Ihm gehorsam bleiben und in der Erwartung stehen, daß Er zu Seiner Zeit uns mit Größerem belohnen wird (Matthäus 25, 23). Denke daran, daß der Herr Jesus selbst 30 Jahre lang als unbekannter Zimmermann arbeitete, bevor Er vom Vater ausgesandt wurde. Auch Mose war ein einfacher Hirte in einem Winkel der arabischen Wüste, bevor Gott ihn zum Retter des Volkes Israel machte.

Meine Lieblingsgeschichte zum Thema Verwalterschaft finden wir im ersten Buch Mose Kapitel 39 bis 41. Josef war Sklave im Hause des Potifar. Er verwaltete seinen Posten so gut, daß er bald zum Vorsteher des ganzen Hauses gemacht wurde. Auch dann, als er durch die List von Potifars Frau ins Gefängnis geworfen wurde, blieb er dem Herrn treu, und diese Treue brachte ihm eine große Belohnung: er wurde nach einer Zeit zum Zweitherrscher von ganz Ägypten ernannt!

Wenn es dir vorkommt, als wärest du in deiner jetzigen Stellung erniedrigt, bleibe mutig und fest. Gott hat dich dort hingestellt. Diene Ihm mit einem gehorsamen und liebevollen Herzen.

Wenn du treu bleibst im Kleinen, wird Gott eines Tages zu dir sagen: „Ich will dich über viel setzen!" Wie könnte es anders sein, denn Er hat es in Seinem Wort geoffenbart!

EIN ZEUGE CHRISTI AM ARBEITSPLATZ

Es gehört zu deinem Dienst für den Herrn Jesus, daß
du auch an deinem Arbeitsplatz anderen von Ihm er-
zählst. Aber gerade in diesem Punkt sind viele Christen
verunsichert, wie auch eine Frau, die mir einmal
schrieb:

„Ich höre oft Deine Radiosendungen, in denen Du
über das furchtlose Christenleben sprichst. Du rufst die
Zuhörer immer wieder dazu auf, für Jesus ein Zeugnis
zu sagen. Nun, ich bin auch gläubig, aber ich bin
furchtbar schüchtern und kann keine guten Gespräche
führen. Erwartet Gott auch von mir, daß ich genauso
Zeuge bin wie derjenige, dem Er die Gabe der Rede-
kunst verliehen hat?"

Meine Antwort möchte ich hier wiedergeben, denn
es sind nicht wenige Christen, die dieselbe Frage auf
dem Herzen haben. Man kann auf verschiedene Art
und Weise für Christus zeugen! Das gesprochene Wort
ist nur eine Möglichkeit unter vielen. Meist spricht unser Verhalten viel lauter als unsere Worte. Worte sind
sehr schnell vergessen, aber wir hinterlassen einen
dauerhaften Eindruck, wenn wir uns christlich verhalten. Wenn du aus einem vollen Herzen heraus deinen
Arbeitskollegen hilfst, wenn du dich ihrem Murren
nicht anschließt, sondern für die Kollegen und ihre
Probleme betest und auch mal deine Pause aufgibst,
um mit ihnen darüber zu sprechen, wirst du ihnen den
Herrn sehr deutlich vor Augen führen. Wenn dein
Leben von wirklicher Hingabe gekennzeichnet ist,
kannst du auch ohne Worte ein vielfältiges Zeugnis für
Jesus geben!

Aber meine nicht, daß du dann niemals ein Wort für
den Herrn zu sprechen brauchst. Wenn du nicht so gut

reden kannst, kann ich voll mit dir mitfühlen. Jahrelang ging es mir auch so. Ich stotterte so arg, daß mein
eigener Vater mich auslachte, als ich ihm sagte, ich
hätte einen Ruf bekommen, das Evangelium zu predigen. Zu der Zeit wurde ich aber durch drei Bibelstellen
ermutigt, die mich seither ständig begleitet haben. Bis
zum heutigen Tag habe ich 6000 Predigten gehalten,
und ich spreche seit 28 Jahren im Rundfunk! Ich kann
dem Herrn wirklich nur für alles danken, was Er durch
Sein Wort in meinem Leben gewirkt hat. Ich bin sicher,
daß auch dir die drei Bibelstellen helfen werden:

1. ,,So geh nun hin; Ich will mit deinem Munde sein
   und dich lehren, was du sagen sollst" (2. Mose
   4, 12). Damals wußte ich nichts davon, daß diese
   Verheißung nur Mose galt! Ich fand diese Worte
   eines Tages in meiner Bibel und nahm sie für mich
   persönlich in Anspruch. Gott hatte mir ja gesagt,
   ich soll hingehen. Jetzt wußte ich, daß Er mit meinem Munde sein würde. Ich hatte diese Verheißung
   dringend nötig, denn ich war wirklich kein guter
   Redner. Doch wußte ich von der Zeit an, daß Gott
   mir die Worte geben würde, die ich zu sprechen hatte, so daß ich bald darauf anfing, bei öffentlichen
   Veranstaltungen zu sprechen. Preis dem Herrn!
2. ,,Der Geist des Herrn hat durch mich geredet, und
   Sein Wort ist auf meiner Zunge" (2. Samuel 23, 2).
   Das war Davids Zeugnis, aber auch diese Worte
   habe ich persönlich für mich in Anspruch genommen. Ich wußte, wie dringend ich die Hilfe des Heiligen Geistes nötig hätte, wenn ich in geeigneter
   Weise Sein Wort weitersagen sollte. Dieses Wort:
   ,,Sein Wort ist auf meiner Zunge", bedeutete damals für mich, daß ich möglichst viele Bibelstellen

auswendig lernen sollte, damit der Heilige Geist sie durch mich benutzen könnte. Aus diesem Grunde habe ich auch Hunderte von Christen im Laufe der letzten Jahre dazu angeleitet, die großen Texte der Heiligen Schrift auswendig zu lernen. Ich glaube, ich habe diesen anderen Christen einen großen Gefallen getan, indem ich sie dazu anregte. Oder kann es etwas Besseres geben, als Gottes heiliges Wort im Herzen zu bewahren?

3. „Herr, ... laß Deine Knechte in aller Unerschrockenheit Dein Wort verkündigen; strecke Deine Hand aus, daß Heilungen, Zeichen und Wunder geschehen durch den Namen Deines heiligen Knechtes Jesus" (Apostelgeschichte 4, 29). Also beteten die ersten Christen, daß Gott ihnen helfen möge, das Wort in angemessener Weise weiterzusagen. Wie oft habe ich schon dieses Gebet wiederholt — und wie oft schon hat Er mich erhört und mir den Mut gegeben, das Wort in aller Unerschrockenheit zu verkündigen! Gepriesen sei der Herr!

DU MUSST NICHT IMMER DER BESTE SEIN — ABER TU DEIN BESTES!

Es nahm einmal eine gläubige Turnerin an der Olympiade teil. Sie hoffte, die Goldmedaille zu gewinnen, aber es gelang ihr nicht. Nach ihrer Niederlage ging sie zu ihrer Mutter, die unter den Zuschauern auf sie wartete. Die Mutter war weise und tröstete sie mit folgenden Worten: „Du hast dein Bestes getan, du brauchst dir also keine Vorwürfe zu machen." Du mußt nicht immer der Beste sein. Wichtig ist, daß du dein Bestes tust.

Mir haben diese Worte auch einen Dienst erwiesen. Sie beschreiben nämlich ganz kurz das Geheimnis der christlichen Verwalterschaft. Es mag durchaus sein, daß ich nicht der beste Radioevangelist aller Zeiten bin; aber ich habe mir in diesem Dienst Mühe gegeben, mein Bestes zu tun. Es hat dem Herrn gefallen, mich über Rundfunksender in 89 verschiedenen Ländern predigen zu lassen.

Vielleicht bist du nicht der beste Beter auf der Welt. Aber es ist besser, du tust in der Fürbitte dein Bestes, als daß du gar nicht betest. In jeder Aufgabe, die Gott dir zu tun gibt, ist nur wichtig, daß du dein Bestes tust. Er selbst gibt dir die Kraft dazu!

Das lernte ich als junger Mann schon. Ich übernahm den Posten eines Redakteurs für eine christliche Zeitschrift. Mein Vorgänger war ausgebildeter Grafiker und Fotograf. Ich dagegen hatte noch nie eine Pressekamera in der Hand gehabt. Es wurde mir jedoch jetzt eine solche zur Verfügung gestellt. Ich las mir die Gebrauchsanweisungen durch, machte ein paar Experimente — und dann war ich schon so weit, daß ich verzweifeln wollte! Aber der Heilige Geist erinnerte mich daran, daß ich mir vorgenommen hatte, zu jeder Zeit die Worte zu bezeugen: ,,Alles vermag ich durch den, der mich mächtig macht" (Philipper 4, 13).

Oder meinst du etwa, daß Jesus Christus nicht weiß, wie man mit einer Pressekamera umgeht? Oder daß Er nicht predigen kann? Oder daß es sonst etwas gibt, was Er nicht kann? Er ist der Herr — Er kann doch alles!

Als ich für die Zeitschrift in große Evangelisations- und Erweckungsversammlungen fuhr, um Bilder aufzunehmen, stärkte ich mich vorher in meinem Gott, indem ich immer wieder diesen Bibelvers aufsagte: ,,Alles vermag ich durch den, der mich stark macht."

Dann habe ich fest behauptet: „Ich vermag es! Ich vermag es, diese Kamera zu bedienen! In Christus kann ich gute Aufnahmen machen! Ich kann es!"

Ich blieb fünf Jahre in diesem Dienst. Ich nahm Hunderte von Bildern auf, die in Zeitschriften und Büchern abgedruckt wurden. Zwar wurde ich nie als Fotograf berühmt, doch waren die Bilder alle sehr gut zu gebrauchen.

Weil ich bei meinen ersten Versuchen die eigenen Grenzen kennengelernt hatte, konnte ich mich in diesem Dienst nicht überheben. Ich gebe dem Herrn Jesus alle Ehre für alles, was Er durch mich tun konnte. Es war nur Seine Kraft, die das alles möglich machte. Unmöglichkeiten werden möglich, wenn man der Wahrheit gemäß lebt. „*Alles* vermag ich durch den, der mich stark macht!"

Darum sei treu in jeder Aufgabe, die der Herr dir gibt. Gehe treu mit Seinem Eigentum um. Sei ein treuer und tüchtiger Verwalter, und eines Tages wird Gott dich über viel setzen!

WIE MAN SICH VON GOTT
GEBRAUCHEN LASSEN KANN

1. Jeder Christ möchte von Gott gebraucht werden. Es gibt sehr viel Arbeit im Reiche Gottes, und der Herr ruft Arbeiter in Sein Erntefeld. Aber du mußt als erstes sicher sein, daß du wirklich errettet bist. Du kannst für Jesus kein Zeugnis geben, wenn du Ihn nicht persönlich als deinen Heiland und Herrn kennengelernt hast. „Und das ist das Zeugnis, daß Gott uns das ewige Leben gegeben hat, und dies Leben ist in Seinem Sohn" (1. Johannes 5, 11). „Der Geist

selber bezeugt unserm Geist, daß wir Gottes Kinder sind" (Römer 8, 16).

2. Wir müssen unbedingt gute Bibelkenntnisse haben. Gottes Plan für Welt und Ewigkeit findet man allein in der Bibel! Allein das Wort unterweist uns, wie wir zu beten, heilen, geben und zu wandeln haben. Allein das Wort gibt uns Aufschluß über Himmel und Hölle.

3. Wir sollten mit dem Heiligen Geist erfüllt sein. Erst dann können wir uns richtig vom Geist Gottes leiten lassen. Nur der Heilige Geist kann uns so salben, daß unser Dienst wirksam ist.

4. Wir sollten ebenfalls mit echter Liebe zum anderen erfüllt sein. Wir sind nur brauchbar, wenn uns die Liebe Christi ergriffen hat. Es war die göttliche Liebe, die Christus in diese Welt sandte, um für uns Sünder zu sterben. Dieselbe Liebe kann uns befähigen, für andere zu leben!

5. Wir müssen unbedingt die Kraft des Gebets kennen und mit ihr umgehen können. Gott verheißt, daß Er Wunder tun will, wenn wir gläubig zu Ihm beten. Auch sollten wir erkennen, daß unser Geld ganz und gar dem Herrn gehört. Gott hat Wohlgefallen daran, daß Seine Kinder willig und freigebig ihr Geld in die Gemeinde geben!

6. Wir sollten kühn und furchtlos sein. ,,Der Gerechte ist furchtlos wie ein junger Löwe" (Sprüche 28, 1). Die ersten Christen beteten inbrünstig um Unerschrockenheit. Nur der Herr kann uns mit echter Unerschrockenheit ausstatten. In diesem Zusammenhang heißt Unerschrockenheit soviel wie Vertrauen, Mut, Furchtlosigkeit oder auch Wagemut. Wir müssen dem Wort des Herrn gehorchen: ,,Geht hin in alle Welt und predigt das Evangelium der

ganzen Schöpfung. ... Die Zeichen aber, die denen folgen werden, die glauben, sind diese: In Meinem Namen werden sie böse Geister austreiben. ... Kranken werden sie die Hände auflegen, und die werden gesund werden" (Markus 16, 15.17.18). Wage es einmal, Seine Befehle in die Tat umzusetzen!

7. Wenn wir von Gott gebraucht werden wollen, müssen wir in allen Dingen Seine Ehre suchen. Wie kann ich das am ehesten? Indem ich mich ganz und gar dem Herrn ausliefere! Bete jetzt mit mir: „Hier bin ich, Herr, und möchte von Dir gebraucht werden." Liefere dein ganzes Leben dem Herrn aus! Dann darfst du erst nach Seinem Willen fragen.

Lies dir diese Punkte oft durch. Dann nimm dir vor, dich von Gott wirklich gebrauchen zu lassen!

Kapitel 13

Und sie werden gesund werden

Delmar Kingsriter steht seit vielen Jahren im Dienst Jesu als Missionar in Malawi in Afrika. Er erzählte einmal folgendes Zeugnis, und ich möchte es hier wiedergeben, weil es zeigt, wie man die geistliche Waffenrüstung benutzen kann, um Heilung und Gesundheit zu empfangen.

„Sie werden Schlangen mit den Händen hochheben, und wenn sie etwas Tödliches trinken, wird's ihnen nicht schaden; Kranken werden sie die Hände auflegen, und die werden gesund werden" (Markus 16, 18).

„Dieser Text ist wohl unter allen Missionaren beliebt. Markus 16, 18 ist meine persönliche Lieblingsstelle aus der Bibel, denn sie gibt mir eine Waffenrüstung, die ich zum Schutz vor Satan sowie bei einem geistlichen Angriff meinerseits benötige. Wenn ich diese Waffenrüstung anziehe, bleibe ich sicher gesund. Der Feind weiß wohl, was geschieht, wenn wir im Namen Jesu über die Kranken beten. Die Gabe der Krankenheilung ist mitunter die effektivste Waffe, die die Gemeinde Jesu Christi zur Verfügung hat. Darum versucht Satan, solche zu zerstören, die sie ausüben. Die Mächte der Finsternis haben oft versucht, mich umzubringen. Ich konnte mich nur verteidigen, indem ich mich immer wieder auf diese Verheißung berief.

Ich fuhr einmal mit meiner Frau und unseren Kindern und einer anderen Missionarsfamilie in ein entlegenes afrikanisches Dorf, wo vor einigen Wochen zum ersten Mal das Evangelium gepredigt worden war. Der Herr hatte einen großen Sieg geschenkt, so daß viele sich bekehrten. Nach einer herrlichen Versammlung mit anschließendem Taufgottesdienst begaben wir uns sofort auf den Weg nach Hause, denn die Fahrt dauerte drei Stunden. Aber wir waren erst wenige Minuten unterwegs, als unsere Gruppe von einem ungeheuer großen Schwarm giftiger afrikanischer Bienen überfallen wurde. Wir suchten sofort in einer von Rauch erfüllten Hütte Schutz, aber bis wir hineingelangten, hatten wir alle 50 bis 75 Stiche davongetragen, vor allem im Gesicht. Ich erkannte sofort, daß wir alle in Lebensgefahr schwebten, denn viele Leute sind an nur wenigen Stichen gestorben.

Die Frau des anderen Missionars brach auch nach wenigen Minuten zusammen und lag leblos auf dem Fußboden. Aber gerade in diesem Augenblick erinnerte mich der Herr an die Bibelstelle aus Markus 16. Diese Verheißung war wohl unsere letzte Hoffnung, wenn wir nicht einen jähen Tod sterben sollten. Wir versammelten uns um die zusammengebrochene Frau und wiederholten laut die Stelle aus dem Evangelium: »Schlangen werden sie mit den Händen hochheben, und wenn sie etwas Tödliches trinken, wird's ihnen nicht schaden; Kranken werden sie die Hände auflegen, und sie werden gesund werden«. Dann baten wir gemeinsam den um Hilfe, der allein helfen konnte.

Keiner, der in dieser Hütte damals anwesend war, wird jemals wieder an der Kraft Gottes zweifeln können. Schon nach wenigen Augenblicken kehrte die Farbe ins Gesicht der Frau zurück, sie stand auf und sagte: »Mir geht es wieder gut.« Dann kehrten wir alle kerngesund nach Hause zurück und priesen kräftig den Herrn. Auch vom Stich einer ganz normalen Biene bekommt man meistens eine Schwellung; bei keinem von uns fand sich jedoch das geringste Anzeichen einer Schwellung, so daß wir alle glaubten, ähnlich wie die drei hebräischen Jungen im Feuerofen in wunderbarer Weise bewahrt worden zu sein. Es wird niemanden wundern, daß ich diese Bibelstelle aus dem Markusevangelium so sehr liebe."

Überall in der Welt wird die Gesundheit ernstgenommen. Kranke versuchen, ihre Gesundheit wieder zu erlangen; Gesunde tun alles, um nur gesund zu bleiben.

Die Gesundheit nimmt auch einen wichtigen Platz im Wort Gottes ein. In Seinem Wort sagt uns Gott definitiv, wie wir einen gesunden Leib erhalten können. Ich glaube, wir hätten alle etwas mehr Sieg, wenn wir dieses Wort ernstnehmen würden! Wenn alle Christen vor Gesundheit strahlten, würden die Weltmenschen zu uns gelaufen kommen, um unser Geheimnis zu erfahren!

Unter den vielen Briefen, die ich aus aller Welt bekomme, sind immer einige, die zu dem Thema Heilung und Gesundheit Fragen stellen. Ich möchte jetzt meine Antwort auf einige dieser Fragen wiedergeben, weil sie allen Lesern helfen können, die hinsichtlich ihrer Gesundheit Fragen haben.

„Ich habe für mich beten lassen, weil ich krank bin. Was nun?"

Wenn man schon für dich gebetet hat, daß du geheilt wirst, brauchst du nur noch nach dem Wort Gottes zu handeln. Dieses Wort sagt: „Durch Seine Wunden sind wir geheilt" (Jesaja 53, 5). Glaube auch du daran, daß dieses Wort wahr ist. Nimm es persönlich für dich selbst in Anspruch und sage laut: „Durch Seine Wunden bin *ich* geheilt!" Dann kannst du natürlich anfangen, den Herrn zu loben und Ihm für die schon geschehene Heilung zu danken. Mache Lobpreis zu deiner Sprache des Glaubens!

Als ich einmal eine Evangelisation hielt, lud mich der Pastor der dortigen Gemeinde ein, mit ihm zusammen einen Kranken zu besuchen. Dieser Mann, den wir besuchen wollten, sei seit 18 Monaten als Folge eines Schlaganfalls völlig gelähmt. Als wir dann mit ihm sprachen, entdeckte ich, daß es ihm neu war, daß Gott bereit ist zu heilen. Ich las ihm aus Markus 16, 17—18 vor: „Die Zeichen aber, die denen folgen, die glauben, sind diese: ... Kranken werden sie die Hände auflegen, und die werden gesund werden."

Ich erklärte dem Kranken, daß nicht alle sofort gesund werden, wenn wir für sie beten. Aber jeder, der diese Verheißung des Herrn Jesus Christus im Glauben ergreift und ohne zu wanken daran festhält, wird gesund werden — denn Er selbst hat es gesagt! Manchmal geschieht das tatsächlich sofort, manchmal dauert es einige Stunden, bei einigen sogar ein paar Wochen. Aber Jesus hat eindeutig gesagt: „Die werden gesund werden."

Dieser Kranke empfing das Wort der Wahrheit mit offenem Herzen. Er sicherte mir zu, Christus in allen Dingen vertrauen zu wollen. Er erkannte, daß Jesus Macht und Fähigkeit besitzt, das Wort Gottes in seinem Leben zu verwirklichen. Also legten der Pastor und ich ihm die Hände auf, und wir beteten gemeinsam um seine Heilung. Sichtbar geschah danach nichts, aber der Mann war nicht im geringsten darüber enttäuscht. Er vertraute fest darauf, daß der Herr Seiner Verheißung treu bleiben würde. Wir hatten ihm durch unser Gebet die Basis für seine Heilung vermittelt. „Durch Seine Wunden sind wir geheilt." Er erkannte, daß Jesu vollendetes Werk seine Heilung mit einschloß und daß die Heilung im Glauben angenommen werden muß.

Neben der Schlafzimmertür stand eine große Uhr, die stündlich laut schlug. Ich redete dem Mann zu, er sollte doch jedesmal, wenn er die Uhr schlagen hörte, laut aussprechen: „Danke, Jesus. Durch Deine Wunden bin ich geheilt!"

Als Folge des Schlaganfalls waren die Finger dieses Mannes krumm geworden; außerdem waren Gesicht und Mund durch die Lähmung entstellt, und seine Beine hatte er seitlich angezogen. Es bedeutete für ihn keine geringe Anstrengung, dieses stündliche Bekenntnis auszusprechen: „Danke, Jesus. Durch Deine Wunden bin ich geheilt."

Es war Montag abend, als wir miteinander beteten. Gleich darauf bin ich nach Hause gefahren. Aber am Donnerstag früh geschah folgendes, wie mir später der Gemeindepastor berichtete:

Unser gelähmter Freund rief bei ihm an und sagte: „Herr Pastor, kommen Sie mich bitte noch einmal besuchen, ich habe Ihnen etwas zu berichten." Also fuhr er zum Haus des Mannes hin, und dort sah er ein Wunder vor seinen Augen. Der Mann, für den wir gebetet hatten, der so lange von Schmerzen geplagt gewesen war, stand jetzt strahlend im Wohnzimmer und sagte: „Herr Pastor, es hat geklappt! Ich tat, wie Bruder Gossett mir sagte und bekannte jede Stunde: »Danke, Jesus. Durch Deine Wunden bin ich geheilt.« Und der Herr hat mich tatsächlich geheilt!" Seine Finger waren wieder gerade, seine Beine normal, die entstellende Muskelschwäche im Gesicht war einfach weg. Er war vollständig geheilt worden!

Ich erzähle diese Geschichte nicht von ungefähr. Auch du sollst erkennen, daß du im Einklang mit dem Worte Gottes deine Heilung bekennen darfst. Halte fest am Bekenntnis ohne zu wanken. Gott hat Sein Wort gegeben; Er wacht darüber, um es zu tun! Das ist für dich gerade wichtig. Fange an zu sagen: „Danke, Jesus. Durch Deine Wunden bin ich geheilt." Glaube von ganzem Herzen daran. Denke über den Herrn Jesus Christus nach, der am Kreuz hing, um deine Krankheiten und Schwächen zu tragen. Durch Seine blutenden Wunden hat Er für dich das Heil und die Heilung erworben. Sage jetzt aus dankbarem Herzen: „Danke, Jesus. Durch Deine Wunden bin ich geheilt." Das sind nicht etwa magische Worte; es sind Worte, die mit dem Wort Gottes im Einklang stehen. Und Gott haftet dafür, daß Sein Wort in Erfüllung geht! Ich glaube, Er wird es bei dir auch tun!

„Ich habe zwar für mich beten lassen, fühle mich aber jetzt gar nicht anders."

Es ist eine große Gefahr, wenn wir um Heilung beten, Gefühle mit dem Glauben zu verwechseln. Manche Leute fühlen tatsächlich etwas, wenn sie in biblischer Weise mit sich beten lassen. Aber im Glauben sollten wir die Heilung annehmen, ob wir etwas an uns fühlen oder nicht, denn wir sollten wissen, daß Gott kein Mensch ist, der lügen könnte. Gott hat gesagt: „Ich bin der Herr, dein Arzt" (2. Mose 15, 26). Im Grunde genommen ist es egal, ob du nach dem Gebet etwas von der Kraft Gottes in deinem Körper verspürst oder nicht, denn die Heilung ist im Worte Gottes und nicht in deinem Körper! Jesus sagte ausdrücklich: „Kranken werden sie die Hände auflegen, und die werden gesund werden" (Markus 16, 18). „Er sandte Sein *Wort* und machte sie gesund" (Psalm 107, 20). Jede Heilung geschieht auf die Autorität des Wortes hin. Jesus Christus heilte die Kranken und trieb Dämonen aus — durch Sein Wort!

Ich kenne eine Frau, die entdeckte, daß in dem Bibelwort aus Markus 16 eine unwahrscheinliche Kraft liegt. Die Ärzte hatten sie als unheilbar aufgegeben, doch versuchte sie immer wieder, von Gott eine Heilung zu empfangen. Es ging ihr jedoch nach vielen Monaten trotz aller Gebete schlecht; sie wurde sehr entmutigt. Dann hörte sie eines Tages unsere Radiobotschaft über das mutige Christenleben. Ich sprach gerade über Markus 16. Diese Frau wurde von der Wahrheit gepackt: „Kranken werden sie die Hände auflegen, und die werden gesund werden." Sie erkannte, daß sie nicht durch die vielen Gebete geheilt werden würde, sondern allein dadurch, daß sie die Verheißung Jesu annehmen und daran festhalten würde!

Sie fing an, mit ihren Lippen die neue Einstellung zu bekennen. Sofort versuchten ihre Freunde und Bekannten, sie zu entmutigen. Sie kamen herbei und sagten: „Wie geht es dir? Du siehst heute so schlecht aus!" Aber sie wagte es, glaubensmutig zu antworten: „Ich richte mich nicht mehr danach, wie ich aussehe oder wie ich mich fühle." Sie widerstand dem Teufel, ohne im Glauben zu wanken. „Jesus hat doch gesagt: »Kranken werden sie die Hände auflegen, und die werden gesund werden.« Das gilt mir auch, denn mir hat man die Hände aufgelegt. Ich weiß, daß ich gesund werde."

Die sogenannten Freunde versuchten immer wieder, sie von ihrem Bekenntnis abzubringen und sie zu entmutigen, aber sie blieb fest und erwartete, daß der Herr ihr treu bleiben würde. Sie wollte auf keinen Fall Ihm Unehre bereiten, indem sie nicht glaubte. Sie dachte ständig darüber nach, daß Gott kein Mensch ist, daß Er lügen sollte (4. Mose 23, 19). Sie erkannte es als ihre Aufgabe, am Bekenntnis festzuhalten und nicht zu wanken (Hebräer 10, 23). Sie kämpfte den guten Kampf des Glaubens — und nach einer Zeit machte sie der Herr ganz und gar gesund. Auch du kannst an Sein Wort glauben! Mache Sein Wort zu deinem täglichen Bekenntnis. Handle in allen Dingen Seinem Wort entsprechend! Dann wirst auch du die Wahrheit erkennen: „Er sandte Sein Wort und machte sie gesund."

Vielleicht sagst du jetzt: „So viel Glauben habe ich nicht. Dann muß ich mich wohl oder übel damit abfinden, krank zu bleiben."

Mein Freund, wenn du wirklich ein Christ bist, dann hast du den Glauben doch! Gott hat jedem Seiner Kinder das Maß des Glaubens zugeteilt (Römer 12, 3). Du mußt nur diesen Glauben in Taten umsetzen! Handle gläubig — dann wirst du gesund werden! Verkündige vor Welt und Teufel: „Ich habe Glauben, ich habe Glauben!"

Du fragst noch: „Wie kann ich meinen Glauben stärken?" Die Bibel sagt: „Der Glaube kommt aus der Predigt und die Predigt durch das Wort Gottes." Studiere für dich das Wort Gottes, die Bibel. Besuche auch, so oft du kannst, den Gottesdienst. Sei bereit zu glauben, daß Gott Seine Verheißungen wahrmacht. Stärke dich im Herrn!

„Was ist, wenn die alten Symptome zurückkehren, nachdem ich geheilt worden bin?"

Du mußt erkennen, daß das ein Lieblingstrick des Teufels ist! Lehne die Symptome radikal ab. „Widersteht dem Teufel, dann flieht er von euch" (Jakobus 4, 7).

Vor einigen Jahren wachte ich eines Morgens auf und hatte schreckliche Kopfschmerzen; ich dachte, mein Kopf fällt auseinander. Die Schmerzen waren so schlimm, daß ich wirklich dachte, die linke Seite meines Schädels würde sich absplittern. Von der Zeit an wiederholten sich diese Schmerzen täglich. Das war etwas ganz Ungewöhnliches, denn ich hatte in meinem Leben noch nie solche Kopfschmerzen gehabt.

Am 16. Februar erreichten diese Schmerzen ihren Höhepunkt. Joyce und ich waren gerade dabei, eine Evangelisation durchzuführen, und ich entschloß mich, eine neue Begegnung mit dem Herrn zu suchen. Ich begann, Ihn zu preisen und Sein Wort zu bekennen. Nun sagt die Bibel: ,,Und es soll geschehen in den letzten Tagen, spricht Gott, da will Ich ausgießen von Meinem Geist auf alle Menschen; und eure Söhne und eure Töchter sollen weissagen, und eure jungen Männer sollen Gesichte sehen, und eure Alten sollen Träume haben" (Apostelgeschichte 2, 17). Am frühen Morgen des 17. Februar, während ich im Bett lag und bekannte: ,,Durch Seine Wunden bin ich geheilt", hatte ich folgendes ungewöhnliches Erlebnis:

Ich sah im Geist, wie ein Mann auf mich zukam und mir hinten am Kopf die Hand auflegte. Ein warmes, alles durchdringendes Gefühl — wie Öl — floß in diesen Teil meines Schädels, der sich so elend gefühlt hatte, und es wurde alles geheilt. Die Schmerzen wichen sofort. Soweit ich mich noch erinnern kann, sagte ich diesem Mann: ,,Sie sind wohl der Apostel Paulus." Das war ja reichlich seltsam; ich weiß nicht, warum ich das sagte. Aber er antwortete: ,,Nein, ich bin ein Engel des Herrn." Im Hebräerbrief 1, 13—14 lesen wir, daß

Engel dienstbare Geister sind, ausgesandt, um denen zu helfen, die das Heil erben sollen. Als ich wieder zu mir kam, waren alle Schmerzen verschwunden!

Ich erzählte dieses Erlebnis meiner Frau, und einige Tage später sprach ich auch während einer Evangelisationsversammlung darüber. Natürlich freuten sich alle mit mir über die Güte unseres Herrn!

Im Laufe der nächsten Woche kehrten wir nach Hause zurück, und tatsächlich bekam ich die heftigen Kopfschmerzen wieder. Zuerst war ich darüber entsetzt, aber dann erkannte ich, daß diese Schmerzen nicht die eigentlichen Kopfschmerzen waren, sondern Lügensymptome aus dem Arsenal des Feindes. Jesus hatte mich geheilt, und ich hatte Sein Wort während der Evangelisation bekannt; jetzt wollte ich daran festhalten.

Meinen letzten Kampf mit diesen Kopfschmerzen hatte ich einige Abende später, als ich bei den Geschäftsleuten des vollen Evangeliums als Redner eingeladen war. Ich lehnte die Schmerzen entschlossen und im Namen Jesu ab — und sie verließen mich auf Nimmerwiedersehen!

In Johannes 10, 10 offenbart Jesus, daß der Teufel wie ein Dieb kommt, um zu stehlen, zu schlachten und umzubringen. In diesem Falle hatte der alte Dieb auch versucht, mir meine Heilung zu stehlen, die ich vom Herrn bekommen hatte. Aber ich erkannte die Kraft des göttlichen Wortes und lehnte alles ab, was die Realität dessen in Frage stellen konnte, was ich mit Jesus erlebt hatte. Ich möchte den Herrn jetzt dafür preisen, daß ich seitdem keine Spur mehr von Kopfschmerzen gehabt habe! Nicht einen Augenblick!

Als Christ hast du das Recht, den Teufel im mächtigen Namen Jesu zu besiegen! Die Bibel sagt, daß wir den Teufel durch das Blut des Lammes und durch das Wort unseres Zeugnisses überwinden. Lerne etwas von der Kraft des Blutes Jesu kennen! Setze dann diese Kraft durch deinen mutigen Glauben ein! Wage es, zu glauben!

ZWÖLF SCHRITTE
ZUR GENESUNG UND GESUNDHEIT

1. Pflege eine enge Beziehung zum Herrn Jesus Christus. Als die Menschen sich am Strand des Sees Genezareth um Jesus scharten, entdeckten sie das: denn jeder, der Ihn hörte und berührte, wurde gesund. Und Jesus Christus ist gestern und heute derselbe bis in alle Ewigkeit (Hebräer 13, 8). Wer auch heute nahe bei Ihm bleibt, hat den Schlüssel zur Gesundheit selber in der Hand.

2. Nimm die Kraft und den Schutz des Blutes Jesu für dich in Anspruch. Wir überwinden den Satan durch das Blut des Lammes (Offenbarung 12, 11). Das Blut, das Er für uns auf Golgatha vergoß, hat heute noch dieselbe Kraft. Die Welt um uns her unterliegt immer mehr dem Einfluß böser Mächte, darum brauchen wir Christen den Schutz dieses teuren Blutes.

3. Sei erfüllt mit dem Heiligen Geist. Jeder Christ ist in Christus ein neues Geschöpf. Die Wiedergeburt ist die Voraussetzung dafür, daß man den nächsten Glaubensschritt macht und mit dem Heiligen Geist getauft wird. Die Geistestaufe verleiht dir die Kraft, die du nötig hast, um im Namen Jesu den Feind zu überwinden. ,,Wenn nun der Geist dessen, der Jesus von den Toten auferweckt hat, in euch wohnt, so wird Er, der Christus von den

Toten auferweckt hat, auch eure sterblichen Leiber lebendig machen durch Seinen Geist, der in euch wohnt" (Römer 8, 11).

4. Lies täglich einen Abschnitt aus Gottes Wort. „Im Anfang war das Wort ... Und in Ihm war das Leben" (Johannes 1, 1.4). Es ist Leben im *Wort*. Das Lesen im Wort bringt Gesundheit allen, die die Worte auch aufnehmen (Sprüche 4, 20—22). Wir müssen täglich das Wort Gottes zu uns nehmen, als wäre es ein Medikament. Das Wort ist unseres Fußes Leuchte und ein Licht auf unserem Wege (Psalm 119, 105).

5. Vernachlässige nicht die normalen Regeln der Gesundheit. Dein Leib ist ein Tempel des Heiligen Geistes (1. Korinther 6, 19), darum solltest du deinen Leib nicht verunreinigen. Sieh zu, daß du genug Schlaf bekommst und die richtige Nahrung zu dir nimmst! Werde auch nicht zu dick, und versuche, immer genügend körperliche Bewegung zu bekommen. Gifte wie Alkohol, Drogen oder Tabak werden wir als Christen nicht zu uns nehmen.

6. Schließe dich einer örtlichen Gemeinde an. Der Zigeunerchrist, der von Gemeinde zu Gemeinde wandert und doch mit einem Fuß in der Welt steht, verliert allmählich sein geistliches Leben. Er setzt sich bewußt oder unbewußt den Versuchungen und Krankheiten dieser Welt aus. Jesus sagte uns aber, wir sollten zuerst nach dem Reiche Gottes und nach Seiner Gerechtigkeit trachten. Wenn wir durch die Wiedergeburt in das Reich Gottes hineinkommen, sollten wir uns auf keinen Fall umdrehen und nach dem Reich dieser Welt trachten! Das zerstört nicht nur unsere Gesundheit, sondern auch unsere ewige Seele!

7. Rede eine himmlische Sprache. Der wiedergeborene Christ hat dazu zwei Möglichkeiten, die er beide in Anspuch nehmen sollte. In erster Linie ist er dazu berufen, Worte der Liebe und des Friedens zu reden, anstatt Klagen und Beschwerden von sich zu geben. Jesus sagte: ,,Was aber aus dem Munde herauskommt, das kommt aus dem Herzen, und das macht den Menschen unrein'' (Matthäus 15, 18). Aber ein Christ sollte keine unreinen Worte sprechen, sondern darauf bedacht sein, Worte der Genesung und Gesundheit auszusprechen. ,,Eine linde Zunge ist ein Baum des Lebens'' (Sprüche 15, 4).

   Der Christ, der die Geistestaufe empfangen hat, kann auch in einer neuen Sprache reden, die er nach der Geistestaufe empfängt. Die Bibel sagt, daß uns das Sprachengebet auferbaut (1. Korinther 4, 4). Wenn du so betest, wirst du geistlich auferbaut, und es tut auch deinem Leib wohl. Sprich jeden Tag treu mit deinem Gott in dieser Gebetssprache.

8. Halte dein Gewissen rein. Das gehört zur Gesundheit dazu. Schuldgefühle, ob bewußt oder unbewußt, zerstören die Gesundheit. Wenn wir aber ein geheiligtes Leben führen und uns dem Bösen nicht preisgeben, wird es uns gut gehen, und wir werden gesund bleiben.

9. Sei freigebig. Gib reichlich an deine Gemeinde und an die Armen. Geiz ist eine Sünde, die für Geist und Körper sehr schädlich sein kann. Viele Christen, die sonst vorankämen, zerstören ihre Gesundheit durch Geiz. Das freiwillige Geben erzeugt in unserem Herzen ein Glücksgefühl, das sehr stark zu unserer Freude und Gesundheit beiträgt.

10. Sei allezeit fröhlich. Am ersten Pfingsttag waren
    alle Anwesenden so freudig und voll Heiligen Gei-
    stes, daß einige, die dazu kamen, sie für betrunken
    hielten. Ein Leben des Lobpreises kann unseren
    Geist aus allen Bindungen lösen. Ich kenne Men-
    schen, die allein durch Lobpreis geheilt worden
    sind. Freiheit im Geist führt zu Gesundheit.

11. Wenn du dann doch einmal krank werden solltest,
    laß für dich beten! Es ist keine Schande, krank zu
    sein. Aber wir müssen nicht krank bleiben! Wenn
    wir anfangen zu murren und uns selber so furcht-
    bar leid tun, bringen wir unserem Vater im Him-
    mel keine Ehre ein, denn es ist Sein Wille, daß wir
    gesund sein sollen. Die Bibel lehrt uns eindeutig,
    daß wir die Ältesten herbeirufen sollen, und daß sie
    uns mit Öl salben sollen, wenn wir krank sind
    (Jakobus 5, 14—15). Falls das nicht möglich sein
    sollte, können wir einfach andere Christen bitten,
    mit uns zu beten und uns die Hände aufzulegen
    (Markus 16, 18). Dieser Dienst tut nicht nur dem
    wohl, der krank ist, sondern auch dem, der sich
    erbarmt und betet.

12. Denke vor allem daran, daß du mit deinen Worten
    bestimmst, wie es dir ergeht. Bekenne doch täglich,
    daß du in Jesus Christus gesund bist! Bekenne, daß
    du vor 2000 Jahren am Kreuz durch Seine Wunden
    geheilt worden bist. Wenn du krank wirst, „halte
    fest am Bekenntnis, ohne zu wanken". Gott ist so
    gut wie Sein Wort. „Du hast Deinen Namen und
    Dein Wort herrlich gemacht über alles" (Psalm
    138, 2). Der Herr wacht über Seinem Wort, daß
    Er's tue (Jeremia 1, 12). Bekenne mutig in Jesus
    Christus, daß du gesund bist. Dann wirst du es
    auch!

Kapitel 14

Freuet euch allezeit

Nach dem ersten Abend einer Evangelisation kam einmal ein Mann auf mich zu und schaute mich ziemlich finster an. „Bruder Gossett, bevor ich mich entscheide, ob ich Sie noch einmal predigen hören möchte, muß ich unbedingt wissen, welche Lehre Sie vertreten."

Das kam mir etwas seltsam vor, und ich zögerte, ehe ich ihm antwortete. Er fuhr fort: „Es ist mir so wichtig, daß ich mir nur gesunde Lehre anhöre. Darum will ich es wissen."

Dieser Mann sah überhaupt nicht glücklich aus. Er hatte nicht einmal das geringste Anzeichen eines Lächelns. Ich fühlte mich unangenehm bedrängt. Darum antwortete ich ihm: „Bruder, ich lehre unter anderem, daß man sich freuen soll. Das meinen Sie zwar wahrscheinlich nicht, wenn Sie nach meiner Lehre fragen, aber die Bibel lehrt uns, daß wir im Herrn glücklich sein dürfen."

Dann fragte ich ihn, ob ihm die Bibelstelle bekannt sei: „Freut euch aber, daß eure Namen im Himmel aufgeschrieben sind" (Lukas 10, 20). Die Bibel gebietet uns sogar, uns zu freuen. Das bedeutet für mich, daß man auch ein wenig glücklich aussehen soll!

„Laß sich freuen alle, die auf Dich trauen; ewiglich laß sie rühmen, denn Du beschirmst sie. Fröhlich laß sein in Dir, die Deinen Namen lieben" (Psalm 5, 12). Mutige Bibelchristen sind freudige Christen, und dadurch ziehen sie andere an. In dieser traurigen Welt werben sie mit ihrer Freude für das Evangelium der Gnade. Petrus beschrieb diese Freude als „unaussprechlich" (1. Petrus 1, 8). Jeder Christ hat das biblische Recht auf unaussprechliche Freude! (Johannes 15, 11).

Ich muß an eine Frau denken, die meinte, Christen müßten ein ellenlanges Gesicht ziehen. Es wäre ihr fast sündig vorgekommen, wenn sie einmal so richtig gestrahlt hätte. Eines Tages arbeitete sie bei sich auf dem Hof, als ein Mann vorbeikam, der Bierflaschen sammelte. Dieser Mann rief ihr zu: „Bierflaschen! Haben Sie alte Bierflaschen?!" Die Frau war äußerst beleidigt, daß er sie für eine hielt, die viele Bierflaschen bei sich haben könnte. Wütend ging sie mit erhobenem Zeigefinger auf den Mann zu und fragte böse: „Sehe ich denn so aus?" Daraufhin schaute sie der Mann genauer an, dann drehte er sich um und ging. Aber als er wieder auf seinem Pferdewagen saß, rief er: „Hätten Sie dann vielleicht Essigflaschen?"

Der wiedergeborene Christ sollte sich immer freuen. Es heißt in der Bibel: „Freut euch im Herrn allezeit, und abermals sage ich euch: Freut euch!" (Philipper 4, 4). „Ein fröhliches Herz tut dem Leibe wohl" (Sprüche 17, 22). „Ein guter Mut ist ein tägliches Fest" (Sprüche 15, 15). Wenn du aber ein fröhliches Herz und einen guten Mut hast, wird sich das auch nach außen hin zeigen!

Wir haben so viele Gründe, uns zu freuen und den Herrn zu preisen. „Dies ist der Tag, den der Herr macht; laßt uns freuen und fröhlich an ihm sein" (Psalm 118, 24). Er hat den heutigen Tag gemacht, und Er hat auch dich gemacht! Danke Ihm dafür, denn es heißt: „Ich danke Dir dafür, daß ich wunderbar gemacht bin" (Psalm 139, 14). Gehorche der Schrift, denn sie ruft uns zur Freude auf: „Jauchze, du Tochter Zion! Frohlocke, Israel! Freue dich und sei fröhlich von ganzem Herzen, du Tochter Jerusalem" (Zephanja 3, 14).

In Kansas City verteilte einmal ein Christ Evangeliumstraktate an alle Passanten. Dieser Christ war sehr ernsthaft bei der Sache, aber er hatte vergessen, daß die Bibel uns zur Freude aufruft. Bei ihm stand die Verlorenheit der Menschen und der Ernst des Evangeliumsauftrages im Vordergrund.

Ein Geschäftsmann bekam auch ein Traktat in die Hand gedrückt. Er schaute es an und las die Überschrift: „Warum du Christ werden solltest!" Dann schaute er den Christen einige Augenblicke an. Schließlich gab er das Traktat zurück mit der Bemerkung: „Danke, ich habe genug eigene Sorgen."

Menschenfischer sollten sich dieses Wortes bewußt sein: „Freut euch des Herrn und seid fröhlich, ihr Gerechten, und jauchzet, alle ihr Frommen" (Psalm 32, 11).

In jahrelanger evangelistischer Arbeit habe ich immer wieder beobachten können, daß Freude der eigentliche Schlüssel ist, wenn man Seelen gewinnen will. Ein freudiges, lebhaftes Zeugnis richtet mehr unter den Ungläubigen aus als ein zaghaftes. Zuversicht und Freude tragen dazu bei, daß unsere Zuhörer überzeugt werden. Christen, denen das Wort Gottes viel bedeutet und deren Mund deswegen voll Lachens ist, sprudeln vor Freude über und führen ein siegreiches Leben. Solche freudigen Christen können überzeugend von ihrem Heiland reden!

Christen können immer nur dann stark sein, wenn sie mit der Freude am Herrn erfüllt sind. Eine Gemeinde kann auch nur stark und einflußreich sein, wenn sie in der Freude bleibt. Schon Nehemia sagte: „Die Freude am Herrn ist eure Stärke" (Nehemia 8, 10). Menschen, die meinen, zu wenig Kraft zu haben, haben meistens einfach zu wenig Freude.

Als die Israeliten nach ihrer Gefangenschaft aus Babylon nach Jerusalem zurückkehrten, um dort den Tempel neu aufzubauen, fand Nehemia viele darunter, die traurig waren und weinten. Einige waren krank, andere schwach oder unterernährt. Nicht wenige waren deprimiert und entmutigt. Nehemia bat Gott um Hilfe für das Volk und empfing folgende Antwort: „Dieser Tag ist heilig dem Herrn, eurem Gott; darum seid nicht traurig und weinet nicht! ... Und seid nicht bekümmert; denn die Freude am Herrn ist eure Stärke" (Nehemia 8, 9—10).

„Die Freude am Herrn ist eure Stärke." Das war damals Gottes Antwort auf Israels Rufen. Heute will Er genauso zu uns reden. Die Freude am Herrn ist nicht etwa ein Nebenprodukt des christlichen Lebenswandels, sondern die Stärke, aus der heraus wir ein mutiges Christenleben überhaupt führen können. Die Freude empfangen wir, wenn wir bereit sind, etwas in Seinem Namen zu unternehmen, und die Freude bleibt in uns, solange wir nur bereit sind, sie zu empfangen und in ihr zu wandeln.

Wir singen auch: „Jesu, meine Freude". Jesus bringt Freude! In der Nacht Seiner Geburt verkündigte ein Engel „große Freude, die dem ganzen Volk widerfahren wird; denn euch ist heute in der Stadt Davids der Heiland geboren; das ist Christus, der Herr" (Lukas 2, 10—11). Jesus verbreitete Freude überall, wo Er hinkam. Er tröstete die Leidenden und machte die froh, die im Schatten des Todes wandelten. Es war eins der Ziele Seines irdischen Dienstes, die Freude im Herzen des Menschen wiederherzustellen. Das tat Er dadurch, daß Er die Fesseln der Sünde und Traurigkeit durchbrach.

Die Quelle unserer Freude ist JESUS selbst! Darum können wir Bibelchristen mit unaussprechlicher und herrlicher Freude jubeln (1. Petrus 1, 8).

Vor einiger Zeit las ich einige kurze Absätze, die zeigen sollten, was das Glück *nicht* ist:

„Glück liegt nicht im Unglauben. Der ungläubige Voltaire schrieb: »Ich wünsche, ich wäre nie geboren.«

Glück liegt nicht im Vergnügen, denn Lord Byron, der vor allen Dingen vergnügungssüchtig war, schrieb: »Der Wurm, die Trübsal und alles Übel gehören mir allein.«

Glück liegt nicht im Geld, denn Jay Gould, ein amerikanischer Millionär, sagte auf seinem Sterbebett: »Ich nehme an, ich bin der elendeste unter allen Menschen.«

Glück findet man nicht durch eine hohe Stellung oder durch Berühmtheit. Lord Beaconsfield war hoch angesehen, doch schrieb er: »Die Jugendjahre sind ein Fehler, die Mannesjahre ein Kampf, das Alter ein Bedauern.«

Glück liegt auch nicht im militärischen Ruhm. Alexander der Große eroberte die damalige Welt. Und dennoch weinte er bei sich, weil es keine Welten mehr gab, die er hätte erobern können."

Wo findet man das wahre Glück? Einfach! — Allein

in Jesus Christus. Jesus sagte: „Ich will euch wieder-
sehen und euer Herz soll sich freuen, und eure Freude
soll niemand von euch nehmen" (Johannes 16, 22).

Jesus gibt uns Freude, die unaussprechlich ist. Nicht
nur im Himmel, sondern auch hier in dieser Weltzeit.
Wir haben schon jetzt *überfließende Freude!* Halleluja!

WENN DU DIE FREUDE VERLIERST

Es ist eine große Tragödie, wenn Christen ihre Freude
verlieren. Aber gewisse Sünden (Psalm 51; 2. Samuel
12) oder auch einfach geistlich zielloses Treiben können
uns unserer Freude berauben.

Obwohl es tragisch ist, wenn wir die göttliche Freude
verlieren, sichert uns die Bibel zu, daß wir sie wiedererlangen können: „Wasche mich rein von meiner
Missetat, und reinige mich von meiner Sünde... Erfreue mich wieder mit Deiner Hilfe, und mit einem wil-
ligen Geist rüste mich aus" (Psalm 51, 4.14). So betete
David, und so dürfen auch wir beten.

Wenn du deine Freude verloren hast, prüfe jetzt dein
Herz. Bekenne dem Herrn jede Sünde. Bitte um Vergebung und Erneuerung; der Herr wird dich gewiß er-
hören!

In der heutigen Zeit werden viele Menschen von
einer geistlichen Dürre geplagt. Wenn du es noch nicht
getan hast, dann komme jetzt zu Jesus Christus — Er
wird dir die Freude geben, die du brauchst. „Ihr werdet
mit Freuden Wasser schöpfen aus dem Heilsbrunnen"
(Jesaja 12, 3).

Wenn du aus irgendeinem Grunde vom Glauben ab-
gekommen bist oder durch dein Dahintreiben deine
Freude verloren hast, darfst du jetzt beten: „Willst Du

164

uns denn nicht wieder erquicken, daß Dein Volk sich über Dich freuen kann?" (Psalm 85, 7). Du kannst deine Freude wiedererlangen, wenn du wieder eine enge Beziehung zum Herrn Jesus Christus knüpfst.

Es ist so wichtig, mit Freude erfüllt zu bleiben, denn ein mutiger und freudiger Christ kann viel besser anderen dienen. Und persönlichen Gewinn hat er natürlich auch davon! Denke daran, daß Freude das beste Werbemittel für das Evangelium ist! Das freudige Christenleben ist ansteckend! In dieser leidvollen Welt wollen wir Gott für Seine Freude danken!

LASSET UNS FREUEN UND FRÖHLICH SEIN

„Dies ist der Tag, den der Herr macht; laßt uns freuen und fröhlich an ihm sein" (Psalm 118, 24).

1. Der Herr schenkt uns jeden Tag neu. Und was Gott schenkt, das muß gut sein. „Und Gott sah an alles, was Er gemacht hatte, und siehe, es war gut" (1. Mose 1, 31). Da der Herr auch den Tag gemacht hat, können wir heute freudig sein!

2. Gott machte diesen Tag, und Er erwartet von uns, daß wir uns freuen und fröhlich an ihm sind. Im Psalm 100 heißt es: „Dienet dem Herrn mit Freuden" — nicht mit Traurigkeit! Wiederhole jetzt mit mir diese Worte: „Dies ist der Tag, den der Herr macht. Ich *will* mich freuen und an ihm fröhlich sein!"

3. Wenn Gott nicht nur für mich, sondern auch in mir ist, habe ich absolut keinen Grund, traurig zu sein! Gott ist kein trauriger Gott, und Er möchte keine traurigen Kinder haben!

4. Die Bibel gebietet uns: ,,Gebt dem Teufel keinen Raum" (Epheser 4, 27). Wenn du traurig wirst, gibst du dem Teufel Raum, denn er ist der Ursprung aller Traurigkeit.

5. Entschließe dich dazu, dich ständig zu freuen!

6. Viele Gotteskinder haben schlechte Laune. Sie sind traurig und des Lebens überdrüssig. Aber der mutige Bibelchrist hat die Möglichkeit, dem allem ein Ende zu setzen — indem er sich allezeit am Herrn freut!

7. Trete gerade jetzt aus deiner Depression heraus! Höre auf zu schmollen! Es gibt viele Dinge in unserem natürlichen Leben, die uns durchaus traurig machen können. Aber ich denke, du wolltest ein mutiger Christ sein, oder? Du willst doch nach dem Worte Gottes leben — oder etwa nicht? Begib dich doch nicht auf die Ebene der pessimistischen Menge! Laß doch dein langes Gesicht und erkenne freudig: Mein Herr lebt!

8. Sei immer ein freudestrahlender, furchtloser Mensch! Preise oft den Herrn Jesus. Jede Nacht, bevor du ins Bett gehst, denke einmal darüber nach, wieviel Er für dich getan hat. Du wirst ins Staunen kommen!

9. Nimm diese Verheißung mit auf den Weg: ,,Fürchte dich nicht, Ich bin mit dir; weiche nicht, denn Ich bin dein Gott. Ich stärke dich, Ich helfe dir auch, Ich halte dich durch die rechte Hand Meiner Gerechtigkeit" (Jesaja 41, 10). Das ist Gottes Wort für dich persönlich. Wie kannst du sinken, wenn Gott dich hält? Es gibt keinen Raum mehr für einen traurigen Lebensstil, denn Er ist unser Gott!

10. Freue dich im Herrn allewege!

Kapitel 15

Siegeskraft im Lobgesang

In Glasgow in Schottland stand einmal eine Frau am Ufer des Clyde und schaute tief in die dunklen Gewässer des Flusses. Es war Nacht, und die Finsternis schien ihre Seele zu bedrücken. Das schwarze, dreckige Wasser erinnerte sie an ihr eigenes sündhaftes Leben. Als sie dort unten an der Treppe neben der Landungsbrücke stand, überkam sie der Wunsch, sich in den Fluß hineinzustürzen und ihrem bitteren Leben ein Ende zu setzen. Doch plötzlich ließ sie ein Singen aufhorchen, das von oben über ihrem Kopf tönte: „Es ist ein Born, draus heil'ges Blut für arme Sünder quillt."

Sie hörte zitternd und wie bezaubert zu. Sie würde doch warten, bis das Lied zu Ende war. Es wurde noch eine Strophe gesungen, die ihrem Herzen neue Hoffnung einflößte:

„Der Schächer fand den Wunderquell,
Den Jesu Gnad' ihm wies,
Und dadurch ging er rein und hell
Mit Ihm ins Paradies."

Die Frau wurde so sehr von diesem Lied gepackt, daß sie die Treppe wieder hinaufeilte, um die Sänger zu fragen, ob dieses Blut, von dem sie sangen, auch ihr helfen könne. Sie hörte eifrig zu, während man sie auf das Lamm Gottes hinwies, das für unsere Sünden starb. Und dann nahm sie den Heiland an, so daß ihr Leben neu gemacht wurde und sie Ewigkeitsfrucht hervorbringen konnte.

Den Rest ihres Lebens verbrachte sie im Dienst für den Herrn an den Bewohnern der Slums von Glasgow. Durch dieses einfache Lied hatte Gott ihre verzweifelte Seele ansprechen können, so daß sie sich als Folge bekehrte und auch anderen half, diesen kostbaren Frieden durch die Vergebung in Jesus Christus zu finden. Lobgesang ist das Werkzeug der Siegeskraft! Dem Herrn sei Dank und Preis, daß die Lieder der Erlösten die Menschen inspirieren und befreien können! Es ist Siegeskraft im Lobgesang! ,,Die Heiligen sollen fröhlich sein und preisen und rühmen auf ihren Lagern. Ihr Mund soll Gott erheben; sie sollen scharfe Schwerter in ihren Händen halten" (Psalm 149, 5—6). Wer glaubt — wagt es, ein singendes Herz zu bewahren!

Die Musik ist von der Welt mißbraucht worden; sie hat daraus ein Werkzeug ihrer verkehrten Leidenschaften gemacht. Weltliche Lieder führen uns in die Versuchung. Aber wenn wir uns bekehren, befreit uns der Herr und beginnt, Wunderbares für uns zu tun. ,,Er zog mich aus der grausigen Grube, aus lauter Schmutz und Schlamm, und stellte meine Füße auf einen Fels, daß ich sicher treten kann; Er hat mir ein neues Lied in meinen Mund gegeben, zu loben unsern Gott" (Psalm 40, 3—4).

Lobgesänge bergen Siegeskraft in sich! Geistliche Lieder bringen Befreiung und innere Heilung!

David sagte: „Er hat mir ein neues Lied in meinen Mund gegeben, zu loben unsern Gott." In 2. Chronik 29, 30 heißt es: „Und sie lobten mit Freuden und neigten sich und beteten an."

Auch im Buche Esra können wir nachlesen, wie das Volk sang und mit großer Freude Gott lobte. Die Freude am Lobgesang war ihre Stärke. Durch ihr Singen schöpften sie geistliche und auch körperliche Gesundheit, damit sie den Tempel und die Stadt Jerusalem wieder aufbauen konnten. Das Lied, das sie in ihrem Munde führten, machte sie stark und voller Vertrauen! Ein Lied, das aus dem Herzen kommt, ist immer mit göttlicher Kraft geladen, denn es ist *Siegeskraft im Lobgesang!*

Zwei Schlüssel erschließen uns das Leben im Lobgesang: 1. Das Getränkt-Werden mit dem Wort Gottes. 2. Das Erfüllt-Sein mit dem Heiligen Geist.

1. „Laßt das Wort Christi reichlich unter euch wohnen: lehrt und ermahnt einander in aller Weisheit mit Psalmen, Lobgesängen und geistlichen Liedern, und singt Gott, in dessen Gnade ihr steht, in eurem Herzen" (Kolosser 3, 16).

Wenn dein Herz mit dem Wort Gottes ausgefüllt ist, wird sich das in fröhlichen, mutigen Glaubensliedern auswirken. Ein lautes Bekennen des Wortes Gottes wird dich immer dazu inspirieren, mit überfließendem Herzen das Lob Gottes zu singen. Du kannst lernen, mit einem Siegeslied deine Sorgen zu überwinden. Wenn du traurig bist, singst du ein fröhliches Lied, und deine Traurigkeit ist fort. Wenn du den Herrn mit einem Lied preist, hebst du dich über alle Schwierigkeiten hinweg.

Ich erinnere mich noch gut an eine sehr schwere

Prüfung, die mich einmal traf. Ich wäre bald im Geist ganz zerknirscht gewesen, und ich hätte meinen können, mein ganzes Leben wäre nur noch eine große Niederlage. Die Not war finanzieller Art; ich sollte meinen Wagen verlieren, weil ich ihn nicht bezahlen konnte.

Doch glaubte ich und wagte ein Bekenntnis: „Mein Gott aber wird all euren Mangel ausfüllen nach Seinem Reichtum in Herrlichkeit in Christus Jesus" (Philipper 4, 19). Etwa 15 Minuten lang bekannte ich diese Worte immer wieder. Sie wurden zu einem Lied in meinem Herzen und in meinem Munde. Ich brachte Gott Loblieder dar und überwand dadurch die Versuchung, zu zweifeln. Mein Herz wurde fest vor dem Herrn, und Er konnte wunderbar eingreifen und all unseren Mangel ausfüllen! Werde mit dem Worte Gottes durch und durch getränkt — dann wirst du Gott aus vollem Herzen singen!

2. Das Erfülltsein mit dem Heiligen Geist ist ebenfalls eine wichtige Voraussetzung dafür, daß du ein Lied auf deinen Lippen hast: „Sauft euch nicht voll Wein, denn das führt zur Zügellosigkeit, sondern laßt euch vom Geist erfüllen. Ermuntert einander mit Psalmen und Lobgesängen und geistlichen Liedern, singt und spielt dem Herrn in eurem Herzen und sagt Gott, dem Vater, allezeit Dank für alles, im Namen unsres Herrn Jesus Christus" (Epheser 5, 18—20).

Das vom Heiligen Geist erfüllte Leben, das wir durch die Kraft Jesu haben dürfen, ist einfach wunderbar! „Ich will mit dem Geist Psalmen singen und will auch mit dem Verstand Psalmen singen" (1. Korinther 14, 15). Wenn du dein Leben unter die Herrschaft des Heiligen Geistes stellst, gibt Er dir neue Lieder in dein Herz und in deinen Mund!

Jede große Geistesbewegung der Vergangenheit wurde durch geisterfülltes Singen charakterisiert. Als das Volk Israel durch die mächtige Hand Gottes aus Ägypten geführt wurde, sang es dieses Lied: „Ich will dem Herrn singen, denn Er hat eine herrliche Tat getan... Der Herr ist meine Stärke und mein Lobgesang und ist mein Heil. Das ist mein Gott, ich will Ihn preisen, Er ist meines Vaters Gott, ich will Ihn erheben" (2. Mose 15, 1—2).

Auch die Lobgesänge eines Paulus und eines Silas konnten ein ungewöhnliches Eingreifen Gottes auslösen: „Um Mitternacht beteten Paulus und Silas und lobten Gott... Plötzlich aber entstand ein großes Erdbeben, so daß die Grundmauern des Gefängnisses wankten. Und sogleich öffneten sich alle Türen, und alle Fesseln fielen ab" (Apostelgeschichte 16, 25—26).

Manchmal sind unsere Lebensumstände tatsächlich trübe, und wir werden über die Schwierigkeiten, die auf uns zukommen, entsetzt. Unsere Schwierigkeiten sind jedoch bestimmt nicht so schlimm wie die des Paulus im Gefängnis. Er und Silas waren ausgepeitscht worden; man hatte sie in ein dreckiges, dunkles Verlies geworfen und ihre Füße in den Block gelegt. Aber „der Gerechte ist furchtlos wie ein junger Löwe". Diese beiden Gerechten des Herrn konnten sogar unter solchen Umständen anfangen, Gott zu loben und zu preisen! Und dann griff Gott ein, wie Er auch in unsere Situation eingreifen wird, wenn wir Ihm liebevoll vertrauen und an Sein Wort glauben. Wir müssen es nur lernen, Ihn auch dann zu preisen, wenn alles um uns her davon überzeugt ist, daß wir eine Niederlage erleben werden!

Es gibt einfach keine Niederlage für den Christen, der das Lied zu singen weiß: „Gott aber sei Dank, der uns allezeit Sieg gibt in Christus" (2. Korinther 2, 14). „Dienet dem Herrn mit Freuden, kommt vor Sein Angesicht mit Frohlocken" (Psalm 100, 2).

Dein Gesang erfreut den Herrn! Auch wenn du im Singen nicht sonderlich begabt bist, kannst du dem Herrn ein schönes Loblied darbringen. Denke daran, daß geistliche Lieder eine wunderbare Kraft in sich bergen. Sie verbannen die Traurigkeit, erquicken unseren Geist, inspirieren uns zu einem mutigen Glaubensleben in einer Zeit, in der Satan die göttliche Wahrheit aus den Herzen der Menschen hinausdrängt.

Im Himmel werden wir ein singendes Volk sein. Indem wir hier auf Erden singen, verschaffen wir uns einen Vorgeschmack auf den Himmel!

Laß dein Herz mit Gesang erfüllen. Bringe deinen Kindern das Singen bei. Ob du zur Arbeit unterwegs bist oder zu Hause arbeitest, singe dem Herrn! Der mutige Bibelchrist läßt sich überall von Lobliedern an Jesus begleiten. Gesungene Worte sind Wunderworte!

Ich werde nie vergessen, was ich vor einigen Jahren auf der Antillen-Insel Saba erlebte. Pastor Williams von der wesleyanischen Heiligungskirche holte uns am Flughafen ab und fuhr uns in die Hauptstadt von Saba. Der Weg führte über einen steilen Berg und dann durch verschiedene kleine Dörfer hinab, bis wir endlich in der Stadt ankamen. Dort hat es mich so sehr erfreut, mit dem Wort Gottes dienen zu dürfen. Die dortige Gemeinde sang ein einfaches Lied, das mich sehr beeindruckte:

„Auf Christen, stimmt ein Loblied an,
Und laßt uns fröhlich sein!
Der Herr hat viel an uns getan,
Wir wollen Dank Ihm weihn."

Während sie dieses Lied sangen, sprach der Heilige Geist ganz deutlich zu mir: „Das ist dein Dienst. Auch du sollst ein Loblied anstimmen und fröhlich sein!"

Ich sage ganz frei und offen: Ich bin ein Förderer des Lobpreises. Meines Erachtens kann man den Lobpreis am besten durch Singen zum Ausdruck bringen.

Hast du etwa das Lied aus deinem Herzen verloren? Vielleicht ist in deinem Leben die Freude irgendwo blockiert. Viele Menschen lassen es leider zu, daß sie die Sorgen dieser Welt ersticken.

Vor einigen Jahren wurde das römische Forum ausgegraben. Es wurde eine Menge Müll entfernt, und eine Quelle, die seit Jahrhunderten verstopft war, wurde freigelegt, so daß das Wasser neu zu fließen anfing und wieder das Licht der Sonne widerspiegeln konnte.

Es geht vielen Lesern dieses Buches ähnlich diesem Brunnen. Sie haben es zugelassen, daß der Brunnen der Freude, der in ihnen war, verstopft wurde durch allerlei Müll und Abfall. Es gibt so viel Müll in deinem Leben: Unglaube, Furcht, eine bittere Wurzel, falsche Einstellungen, Haß, Geiz, Zorn. Man kann die Liste beliebig ergänzen: Afterrede, Neid, Depression, Schuld...

Freund, du bist zu lange schon ein Müllabladeplatz für den Teufel! Ich möchte dich gerade jetzt dazu auffordern, gegen den Teufel zu rebellieren. Mache einmal klare Sache und räume den ganzen Abfall weg, der deinen Brunnen verstopft und deine Seele vergiftet hat!

Es ist eine ernste Sache; den Herrn der Herrlichkeit dürfen wir nicht verachten! Seine Wege sind immer die besten. Sei jetzt mutig und mache den endgültigen Sieg zu deinem Ziel! Bringe jetzt dein Leben in Harmonie mit dem geoffenbarten Willen Gottes. Wenn das dein Ziel ist, wirst du nicht umsonst wagen, Glaubensschritte zu machen!

Du kannst den Müll dadurch wegräumen, daß du Gott den Vater im Namen Seines Sohnes Jesu Christi um Vergebung bittest. Lade Jesus Christus ein, Herr deines Lebens zu werden. Dann wird der Brunnen der Freude freigelegt; das reine Wasser der Freude spiegelt dann das Licht der Liebe Gottes in deinem Leben wider!

Als Hiskia, ein guter König Judas, das Haus des Herrn reinigen und den Altar reparieren ließ, „begann auch der Gesang für den Herrn" (2. Chronik 29, 27).

Vielleicht hast du gedacht, du müßtest dich dein ganzes Leben mit trauriger, langweiliger Musik abplagen. Aber Gott schenkt dir freudige Geigen, heitere Flöten und besänftigende Harfen, damit du sie spielst. Mit Gott zusammen kannst du in deinem Leben eine herrliche Harmonie hervorbringen! Nur mußt du einige Dinge drastisch ändern, um erst die fürchterlichen Disharmonien zu entfernen, die bisher deinen Lebensstil charakterisiert haben. Doch in kurzer Zeit wirst du eine schöne Melodie auf den Lippen haben, die Gott wohlgefällig sein und dich in deiner Seele erfrischen wird. Auch andere werden dadurch veranlaßt werden, ihre Melodie zu wechseln!

„Singt dem Herrn ein neues Lied, denn Er tut Wunder. Er schafft Heil mit Seiner Rechten und mit Seinem heiligen Arm" (Psalm 98, 1).

Wage es einmal, eine neue Melodie zu spielen! Die Noten dafür findest du im Worte Gottes!

SIEBEN GRÜNDE, WARUM ICH DEN HERRN MIT GESANG PREISE

1. Ich singe dem Herrn, weil Er mir ein neues Lied ins Herz gegeben hat: ,,Er hat mir ein neues Lied in meinen Mund gegeben, zu loben unsern Gott. Das werden viele sehen und sich fürchten und auf den Herrn hoffen'' (Psalm 40, 4). Fröhliche, singende Christen können großen Einfluß auf andere ausüben, um sie zum Heil in Jesus Christus zu ziehen!

2. Ich singe dem Herrn, weil ich Sein Gebot kenne, mit Singen vor Sein Angesicht zu kommen: ,,Dienet dem Herrn mit Freuden, kommt vor Sein Angesicht mit Frohlocken!'' (Psalm 100, 2).

3. Ich singe, weil Gott mich in Seinem Wort immer wieder dazu auffodert: ,,Lobsinget, lobsinget Gott, lobsinget, lobsinget unserm Könige!'' (Psalm 47, 7).

4. Ich singe, weil Lobgesang Gott wohlgefällig ist: ,,Um Mitternacht beteten Paulus und Silas und lobten Gott. Und die Gefangenen hörten ihnen zu. . . . Und sogleich öffneten sich alle Türen, und alle Fesseln fielen ab'' (Apostelgeschichte 16, 25—26). Gott schenkt uns oft als Erhörung unseres Lobes besondere Wunder. Er öffnet Türen und löst allerlei Fesseln. Wenn ich meinem Gott lobsinge, betrete ich einen Bereich, der Gott besonders wohlgefällig ist!

5. Wenn ich mit dem Heiligen Geist erfüllt bin, fließt mein Herz in Singen über: ,,Laßt euch vom Geist erfüllen. Ermuntert einander mit Psalmen und Lobgesängen und geistlichen Liedern, singt und spielt dem Herrn in eurem Herzen und sagt Gott, dem Vater, allezeit Dank für alles, im Namen unsres Herrn Jesus Christus'' (Epheser 5, 18—20).

6. Auch wenn das Wort Christi in mir wohnen bleibt, bin ich mit Gesang erfüllt: „Laßt das Wort Christi reichlich unter euch wohnen: lehrt und ermahnt einander in aller Weisheit mit Psalmen, Lobgesängen und geistlichen Liedern, und singt Gott, in dessen Gnade ihr steht, in eurem Herzen" (Kolosser 3, 16).
7. Was soll ich im Licht der Gebote Gottes tun? „Ich will dem Herrn singen, daß Er so wohl an mir tut" (Psalm 13, 6).

Kapitel 16

Trotz allem — gepriesen sei der Herr

Wie ist es, wenn du ganz unten bist? Wenn die Rechnungen nicht bezahlt werden können? Wenn du deine Arbeitsstelle verloren hast? Wenn ein Glied der Familie stirbt? Wenn deine Gesundheit angegriffen ist? Wenn du einsam bist? Wie kann man den Herrn preisen, wenn es scheinbar keinen Grund gibt, das zu tun?

Solche Zeiten haben wir alle. Aber dann müssen wir uns aufraffen und rufen: *Trotz allem — gepriesen sei der Herr!*

Herr L. P. Sabberd aus Silver Springs im Bundesstaat Maryland teilte mir mit:

,,Es gefällt dem Herrn, wenn wir ihn zu jeder Zeit und unter allen Umständen preisen. Das lernte ich schon früh in meinem christlichen Wandel und habe deswegen viele Wohltaten Gottes an mir erlebt, auch wenn alles gegen mich zu sein schien. Vor einigen Jahren arbeitete ich als Vertreter für eine Autofirma. Zu einer Zeit, in der ich normalerweise sehr viel verkauft hätte, konnte ich zehn Tage lang fast nichts verkaufen.

Bei einem Kunden aber war ich sicher, daß er wenigstens etwas kaufen würde. Nach den ersten entmutigenden Tagen rief ich ihn an und fragte ihn, ob er einen Wagen nehmen möchte. Wie enttäuscht war ich, als er mir sagte, er habe schon bei der Konkurrenz gekauft! Ich war anfangs wirklich niedergeschlagen, aber dann stand ich von meinem Schreibtisch auf und begann, den Herrn dort im Verkaufsraum laut zu loben und zu preisen. Die Freude am Herrn floß direkt in meine Seele, und ich konnte mit den täglichen Geschäften weitermachen.

Trotz dieser schlappen Tage, in denen ich nichts verkaufen konnte, erreichte ich bis zum Ende des Monats die besten Verkaufszahlen meiner ganzen Karriere!

Seither versuche ich, dieses Prinzip des Lobens und Preisens unter allen Umständen immer in die Tat umzusetzen. Ich habe mir vorgenommen, den Herrn allezeit zu ehren, auch wenn die äußeren Umstände noch so schlecht sind. Dann sage ich immer: »Trotz allem — gepriesen sei der Herr!«"

Im Leben des mutigen Bibelchristen nimmt der Lobpreis einen großen Raum ein. Das erfordert allerdings viel Disziplin, denn von Natur aus neigt der Mensch dazu, sich von seinen Gefühlen bestimmen zu lassen. Aber wenn wir uns nicht danach fühlen, den Herrn zu preisen, müssen wir Ihm ein richtiges Opfer des Lobpreises darbringen. Gott will, daß wir Ihm dieses Opfer bringen, ob wir uns danach fühlen oder nicht: „So laßt uns nun durch Ihn allezeit Gott das Lobopfer darbringen; das ist die Frucht der Lippen, die Seinen Namen bekennen" (Hebräer 13, 15).

Wir haben ein göttliches Gebot: „Freut euch im Herrn allezeit" (Philipper 4, 4). Das heißt: ohne Unterlaß das Lobopfer darbringen. Dieser Vers will keineswegs besagen, daß wir Ihn nur dann zu loben brauchen, wenn alles in Ordnung zu sein scheint; auch dann sollten wir Ihn preisen, wenn alles durcheinander geraten will. Unser Lobpreis wird erst dadurch ein Opfer, daß er uns etwas kostet. Wenn Lobpreis schwierig ist, ist er notwendig. Durch Lobpreis kannst du deine Bitterkeit versüßen und deine Traurigkeit in Freude verwandeln.

Meine Familie und ich — Joyce, Judy, Jeanne und Marisa waren mitgereist — verbrachten einige Wochen in Afrika, um dort zu evangelisieren. Unsere beiden Söhne, Donnie und Michael, waren zu der Zeit in Indonesien, auch im Dienst des Herrn.

Als unsere Afrikareise zu Ende war, flogen wir vom Kongo im Herzen Afrikas nach Paris, von wo aus wir nach Amerika weiterfliegen wollten. Leider kam unsere Maschine verspätet in Paris an, aber die Fluggesellschaft sorgte dafür, daß wir in einem schönen Hotel untergebracht wurden. Am nächsten Tag sollten wir nach Orly fahren, von wo aus wir nach Amerika fliegen konnten.

Aber dann fingen die Schwierigkeiten an!

1. Weil wir so spät angekommen waren, aber am nächsten Morgen so früh losfahren mußten, bekamen wir nur drei Stunden Schlaf. Wenn wir gewußt hätten, was alles am nächsten Tag geschehen sollte, wären wir bestimmt im Bett geblieben und hätten uns ausgeruht!

2. Der Taxifahrer, der vom Hotel bestellt worden war, brachte uns zum verkehrten Flughafen, nämlich zum Charles-de-Gaulle-Flughafen. Dort ließ er uns eiligst aussteigen, stellte unser Gepäck auf die Straße und fuhr schnellstens davon.

3. Wir fanden dann zwar einen Bus, mit dem wir zum Flughafen Orly hätten fahren können, aber der Fahrer wollte unsere von der Fluggesellschaft gestellten Buskarten nicht anerkennen.
4. Wegen dieser Schwierigkeiten versuchten wir, einen Direktflug vom Flughafen Charles-de-Gaulle nach New York zu bekommen. Aber plötzlich zog dicker Nebel auf, so daß alle Flüge abgesagt werden mußten. Schließlich fand sich ein Beamter der Air France dazu bereit, uns einen Kleinbus zu bestellen, der uns am späten Nachmittag nach Orly brachte.

Wir hatten so wenig Schlaf gehabt, mußten stundenlang im verkehrten Flughafen sitzen und warten und hatten unseren Flug doch verpaßt. Normalerweise wären wir deprimiert gewesen. Aber wir entschlossen uns, trotz allem den Herrn zu preisen. Warum sollten wir uns über den Taxifahrer oder über den Busfahrer ärgern? Warum sollten wir wegen der langen Wartezeit oder des Nebels murren? Während der ganzen Busfahrt nach Orly lachten wir laut, vor allem über den wilden Fahrstil der Franzosen auf der Autobahn. Der ganze Bus war voller freudiger Menschen. Es war nicht töricht, so zu lachen; wir reagierten *als Christen* auf unsere frustrierende Situation!

„Seid allezeit fröhlich, betet ohne nachzulassen, seid dankbar für alles; denn das ist der Wille Gottes in Christus Jesus für euch" (1. Thessalonicher 5, 16—18).

Wenn du nur für die Dinge dankst, die dir gut vorkommen, verpaßt du Gottes Plan für dein Leben. Gott gebietet dir: „Sei dankbar für alles!"

Gott fordert von allen Christen, daß sie Ihm ein Opfer des Lobpreises darbringen sollen. Im Alten Bund wurde von den Juden verlangt, daß sie Tieropfer darbrachten, um bei Gott Annahme zu finden. Dann kam Jesus, das Lamm Gottes, und opferte sich selbst für die Sünde der Welt. Wir brauchen seitdem keine Tieropfer mehr darzubringen. Doch verlangt Gott immer noch *ein* Opfer von uns in dieser Gnadenzeit: das Opfer des Lobpreises, die Frucht der Lippen, die Seinen Namen bekennen. Um dieses Opfer darbringen zu können, müssen wir uns in Disziplin üben. Dann werden wir positive Ergebnisse erzielen können.

Die Heiden, die zur Zeit des Apostels Paulus in Ephesus wohnten, brachten ihren falschen Götzen auch Lobopfer dar. Wir lesen: ,,Als sie aber merkten, daß er (Paulus) ein Jude war, schrie alles wie aus *einem* Munde fast zwei Stunden lang: Groß ist die Artemis der Epheser!" (Apostelgeschichte 19, 34). Artemis war die Göttin der Epheser. Aber wenn diese heidnischen Bewohner von Ephesus zwei Stunden lang dieses stumme Götzenbild loben konnten, wieviel mehr sollten wir, die wir den lebendigen Gott kennen, Ihn unser ganzes Leben lang preisen?

Ein bekehrter Atheist erzählte einmal, welche Auswirkungen die Gotteslästerung haben kann. Er und andere militante Atheisten wurden dazu ausgebildet, Gott wirksam lästern zu können! Er meinte, der beste Atheist in seiner Gruppe habe stundenlang an der Straßenecke stehen und Gott, ohne sich zu wiederholen, lästern können. Die Folge dieser planmäßigen Gotteslästerung war, daß diese Atheisten viele seltsame Dinge erlebten und mit okkulten Mächten ausgerüstet wurden. Der Teufel wirkte erstaunliche Wunder in ihrer Mitte!

Wenn Kommunisten stundenlang den lebendigen Gott verlästern und verhöhnen können, wieviel mehr sollten wir unseren wunderbaren Herrn preisen? Hast du jemals nur einige Stunden lang den Herrn gepriesen? Wenn du das einmal tätest, würde die übernatürliche Kraft Gottes dich erfüllen, so daß du mächtige Wunder im Namen Jesu erleben könntest.

Im Alten Testament bestellte David 38 000 Leviten, um dem Herrn im Tempel zu dienen. Davon hatten 4000 nichts anderes zu tun, als den Herrn zu preisen! Sie sollten Instrumente spielen und die großen Taten des Herrn rühmen. Heute kannst du einen levitischen Lobpreisdienst tun, indem du allezeit den Herrn preist. Wenn du möchtest, kannst du mit zwei Minuten anfangen. Dann verlängere die Zeit, bis du zu einem Lobpreisexperten geworden bist!

Wenn dir nichts einfällt, wofür du den Herrn preisen könntest, möchte ich dir hier einige Tips geben. Wenn du einmal damit angefangen hast, wird es dir nachher nicht mehr schwerfallen. ,,Vergiß nicht, was Er dir Gutes getan hat" (Psalm 103, 2). Preise den Herrn für das Heil in Christus: ,,Ihr aber seid das auserwählte Geschlecht, die königliche Priesterschaft, das heilige Volk, Gottes eigenes Volk; deshalb sollt ihr die großen Taten dessen verkündigen, der euch aus der Finsternis in Sein wunderbares Licht berufen hat" (1. Petrus 2, 9).

,,Freut euch aber, daß eure Namen im Himmel aufgeschrieben sind" (Lukas 10, 20).

,,Siehe, Gott ist mein Heil, ich bin sicher und fürchte mich nicht; denn Gott der Herr ist meine Stärke und mein Psalm und ist mein Heil. Ihr werdet mit Freuden Wasser schöpfen aus den Heilsbrunnen. Und ihr werdet sagen zu der Zeit: Danket dem Herrn, rufet an Seinen Namen! Machet kund unter den Völkern Sein Tun, verkündigt, wie Sein Name so hoch ist! Lobsinget dem Herrn, denn Er hat sich herrlich bewiesen!" (Jesaja 12, 2—5).

Preise den Herrn für die unaussprechliche Gabe Seines Sohnes Jesus Christus: „Gott aber sei Dank für Seine unaussprechliche Gabe" (2. Korinther 9, 15).

„Denn so sehr hat Gott die Welt geliebt, daß Er Seinen einzigen Sohn dahingab, damit alle, die an Ihn glauben, nicht verlorengehen, sondern das ewige Leben haben" (Johannes 3, 16).

Preise den Herrn dafür, daß Jesus uns Heil, Rettung und Erlösung als freies Geschenk zukommen läßt.

Preise den Herrn, weil „die Schrift nicht aufgelöst werden kann" (Johannes 10, 35). Du hast dein ganzes Leben auf dem Fundament des Wortes Gottes aufgebaut. Dieses Wort sichert dir die Vergebung deiner Sünden zu und gibt dir Aufschluß über dein Verhältnis zu Gott und Jesus Christus. Allein das Wort Gottes zeigt dir, was in der Ewigkeit auf dich zukommt. Das Wort ist unveränderlich und unfehlbar! Wenn du darüber nachdenkst, was es heißt, daß Sein Wort nicht aufgelöst werden kann, wirst du nicht umhinkönnen, Ihn zu preisen. Preise den Herrn dafür, daß Er heute noch heilt und befreit.

„Und sogleich konnte er wieder sehen, folgte Ihm nach und pries Gott. Und alle, die das sahen, lobten Gott" (Lukas 18, 43).

„Und er sprang auf, konnte gehen und stehen und ging mit ihnen in den Tempel, lief und sprang umher und lobte Gott" (Apostelgeschichte 3, 8).

Preise den Herrn, weil Sein Wort uns dazu auffordert: „Groß ist der Herr und hoch zu rühmen" (Psalm 48, 2).

„Mein Herz ist bereit, Gott, mein Herz ist bereit, daß ich singe und lobe" (Psalm 57, 8).

„Es danken Dir, Gott, die Völker, es danken Dir alle Völker" (Psalm 67, 4).

„Vom Aufgang der Sonne bis zu ihrem Niedergang sei gelobet der Name des Herrn" (Psalm 113, 3).

„Alles, was Odem hat, lobe den Herrn! Halleluja!" (Psalm 150, 6).

Preise den Herrn dafür, daß dir in Jesus Christus alles geschenkt ist: „Der auch Seinen eigenen Sohn nicht verschont hat, sondern hat Ihn für uns alle dahingegeben — wie sollte Er uns mit Ihm nicht alles schenken?" (Römer 8, 32).

„Alles, was zum Leben und zur Frömmigkeit dient, hat uns Seine göttliche Kraft geschenkt durch die Erkenntnis dessen, der uns berufen hat, durch Seine Macht und Herrlichkeit" (2. Petrus 1, 3).

Gott ist immer der Schenkende, wir immer die Empfangenden. Weil dir der große Geber alles geschenkt hat, „was zum Leben und zur Frömmigkeit dient", kannst du Ihn dafür preisen und loben. „Gelobt sei Gott, der Vater unsres Herrn Jesus Christus, der uns gesegnet hat mit allem geistlichen Segen in der himmlischen Welt durch Christus" (Epheser 1, 3).

Die Bibel sagt nicht, daß Gott uns segnen könnte oder möchte, auch nicht, daß Er dazu in der Lage sei, sondern sie sagt, daß Er uns gesegnet *hat!* Jeder, der auf der Suche nach der Wahrheit ist, sollte über diese Tatsache nachdenken: Daß der Vater uns mit allem geistlichen Segen in der himmlischen Welt in Christus gesegnet hat! Kannst du etwas anderes, als Ihn nun dafür loben und preisen?

Preise den Herrn dafür, daß Er dir gibt, was dein Herz wünscht. „Habe deine Lust am Herrn; der wird dir geben, was dein Herz wünscht" (Psalm 37, 4). Einige Leute denken bei sich: „Wenn mir Gott nur das geben möchte, was sich mein Herz wünscht, dann würde ich Ihn loben und preisen." Aber die göttliche

Reihenfolge ist ganz anders! Preise Ihn — d. h. habe deine Lust an Ihm —, und Er wird dir geben, was dein Herz wünscht. Der Herr fand Wohlgefallen an David, weil dieser Ihn pries. Wie sehr gefallen auch wir Gott, wenn wir Ihn allezeit loben! Auch wird dann unser eigenes Herz von Freude erfüllt, wenn wir ständig auf den Herrn schauen.

Preise den Herrn dafür, daß Er dir Lebensfülle gibt. „Ich bin gekommen, damit sie das Leben und alles in Fülle haben sollen" (Johannes 10, 10). In Christus hast du Lebensfülle, denn du bist wiedergeboren. Kann ein Mensch Langeweile haben, der im wahrsten Sinne Lebensfülle besitzt?

LOBPREIS IST DER SCHLÜSSEL

Lobpreis ist der Schlüssel zur Offenbarung der Gegenwart Gottes: „Du aber bist heilig, der Du thronst über den Lobgesängen Israels" (Psalm 22, 4).

Lobpreis ist der Schlüssel, wenn wir hier auf Erden Gottes Willen tun möchten: „Seid dankbar für alles, denn das ist der Wille Gottes in Christus Jesus für euch" (1. Thessalonicher 5, 18).

Lobpreis ist der Schlüssel, wenn wir dem Wunsch des Vaters entsprechen möchten, daß Er wahre Anbeter finde: „Hebt eure Hände auf im Heiligtum und lobet den Herrn!" (Psalm 134, 2).

Lobpreis ist einer der Schlüssel zu einem fruchtbaren Leben: „Frucht der Lippen, die Seinen Namen bekennen" (Hebräer 13, 15). „Dadurch wird Mein Vater verherrlicht, daß ihr viel Frucht bringt" (Johannes 15, 8).

Lobpreis ist der Schlüssel zur Geistestaufe: „Und waren allezeit im Tempel und priesen Gott" (Lukas 24, 53).

Lobpreis ist der Schlüssel zum geisterfüllten Wandel: „Sauft euch nicht voll Wein, denn das führt zur Zügellosigkeit, sondern laßt euch vom Geist erfüllen. Ermuntert einander mit Psalmen und Lobgesängen und geistlichen Liedern, singt und spielt dem Herrn in eurem Herzen und sagt Gott, dem Vater, allezeit Dank für alles, im Namen unsres Herrn Jesus Christus" (Epheser 5, 18—20).

Lobpreis ist der Schlüssel zum Eingang in die Vorhöfe Gottes: „Gehet zu Seinen Toren ein mit Danken, zu Seinen Vorhöfen mit Loben; danket Ihm, lobet Seinen Namen" (Psalm 100, 4).

Der Lobpreis ist der natürliche Ausdruck der Freude, die uns Gott ins Herz hineingelegt hat: „Er hat mir ein neues Lied in meinen Mund gegeben, zu loben unsren Gott. Das werden viele sehen und sich fürchten und auf den Herrn hoffen" (Psalm 40, 4).

Kapitel 17

Wer überwindet...

Während meiner evangelistischen Dienste habe ich es sehr oft mit Menschen zu tun, die von gewissen Problemen gequält werden: Ängstlichkeit, Schlaflosigkeit, Nervosität, sexuelle Unreinheit u. a. m. Diese Probleme bringen unangenehme Folgen mit sich, die nur durch die Kraft Jesu überwunden werden können.

Jeder von uns macht Zeiten durch, in denen er sich frustriert oder deprimiert vorkommt. Doch will Jesus uns in solchen Zeiten nahe sein und uns die Kraft geben, durchzustehen. Er verheißt: ,,Wer überwindet, dem will Ich das Vorrecht geben, mit Mir auf Meinem Thron zu sitzen, so wie auch Ich überwunden habe und Mich mit Meinem Vater auf Seinen Thron gesetzt habe" (Offenbarung 3, 21). Welch' wunderbare Verheißung! Jesus hat uns tatsächlich versprochen, daß wir in alle Ewigkeit mit Ihm auf Seinem Thron sitzen dürfen, wenn wir überwinden!

Im Laufe der Jahre habe ich viele Briefe bekommen, in denen ich gebeten wurde, zu schwierigen Problemen im Christenleben Stellung zu nehmen. Einige der

Fragen möchte ich hier wiedergeben, zusammen mit meinen Antworten. Sie können auch dir helfen, ein mutiges Überwinderleben zu führen!

,,Jemand hat mir vorsätzlich ein Unrecht getan. Ich habe inzwischen sehr oft versucht, dem Betreffenden zu vergeben, aber ich schaffe es einfach nicht. Muß ich ihm denn auch wirklich vergeben?"

Ich kann mit dir richtig mitfühlen, denn als junger Mann hatte ich auch auf diesem Gebiet zu kämpfen. Ich muß sogar heute noch mit diesem Problem ringen. Als Prediger des Evangeliums bekomme ich manchmal bitterböse Briefe, die mir jedesmal einen Schlag versetzen. Aber als Christ darf ich nur mit Vergebung darauf reagieren!

Wenn wir jemandem nicht vergeben, begehen wir eine schwere Sünde, die zu einem Krebsgeschwür in unserer Seele führen kann! Auf meinen Reisen begegnen mir immer wieder Menschen, die ,,Seelenkrebs" haben.

Wenn wir auf diesem Gebiet Schwierigkeiten haben, oder wenn wir jemanden beraten wollen, der in Schwierigkeiten gekommen ist, müssen wir auf das Beispiel unseres Herrn Jesus Christus schauen. Was für eine unwürdige Behandlung, welche Grausamkeiten, welchen Spott mußte Er ertragen, als Er erst gerichtet und dann gekreuzigt wurde. Und doch konnte Er beten: ,,Vater, vergib ihnen!"

Im Osten von Kanada traf ich einmal einen jungen Mann, der sich auf den geistlichen Dienst vorbereitet hatte. Doch hatte ihn sein Arbeitgeber betrogen, und er wurde deswegen bitter. Als ihm bald darauf noch jemand ein Unrecht tat, wurde er mit einem bitteren Geist erfüllt. Man könnte sagen, er ist von diesem Geist besessen, denn er kann einfach nicht mehr vergeben.

Der „Seelenkrebs" hat ihn so verzehrt, daß er alle Pläne aufgegeben hat, in den geistlichen Dienst zu gehen.

Aber Jesus sagte, daß wir anders reagieren sollten: „Liebt eure Feinde und bittet für die, die euch verfolgen" (Matthäus 5, 44).

So viele Menschen lassen ihr Leben durch Groll versauern. Als Christen sollten wir doch von vornherein lernen, Kritik anzunehmen. Unterschiedliche Auffassungen wird es immer geben, aber wenn diese zu Bitterkeit, Haß oder Ressentiments führen, stimmt etwas nicht. Unsere Seelen sollen von der Liebe Christi erfüllt sein! Die meisten Menschen wissen nicht, welch einen hohen Preis sie bezahlen müssen, wenn sie jemandem nicht vergeben. Jesus sagte: „Wenn ihr aber den Menschen nicht vergebt, so wird euch euer Vater eure Verfehlungen auch nicht vergeben" (Matthäus 6, 15). Ist das nicht schrecklich: Gott enthält uns Seine Vergebung vor, wenn wir nicht bereit sind, anderen zu vergeben!

Im 18. Kapitel des Matthäusevangeliums erzählt uns Jesus ein Gleichnis über einen Mann, der Schulden in Höhe von 20 Millionen DM hatte. Der König, dem er dieses Geld schuldete, erließ ihm aber die Summe, so daß er sie nicht mehr zu bezahlen brauchte. Als er auf freien Fuß gesetzt wurde, ging er hinaus und begegnete einem anderen, der ihm nur DM 40,— schuldete. Aber diesem Mann wollte er die Schuld nicht erlassen, sondern ließ den Mann ins Gefängnis werfen. Als der König das hörte, ließ er den ersten Mann ins Gefängnis werfen und den Folterknechten übergeben.

Dann sagte Jesus zu Seinen Jüngern: „So wird auch..." So wird auch was? „So wird auch Mein himmlischer Vater an euch handeln, wenn ihr einander nicht von Herzen vergebt, ein jeder seinem Bruder" (Matthäus 18, 35). Jesus kann nicht im Gegensatz zu Seinem Wort handeln. Wenn du anderen nicht vergibst, wirst du ins Gefängnis geworfen und den Folterknechten übergeben!

Was sind das für Folterknechte? Es sind die Probleme, die uns quälen! Nervosität, Migräne, Magengeschwüre, Schlaflosigkeit, Furcht, Niedergeschlagenheit, Gebete, die nicht erhört werden, Bitterkeit, usw.

Das ist keine angenehme Wahrheit. Aber wir können nicht anders, als sie zu akzeptieren. Dabei muß gesagt werden: Wir können aus den Händen solcher Folterknechte befreit werden. Wie? — Indem wir allen denen in Liebe vergeben, die uns etwas Unrechtes getan haben!

Ob solche Menschen dich bitten, ihnen zu vergeben oder nicht, spielt keine Rolle. Jesus hat dir geboten, ihnen zu vergeben! Sogar wenn jemand, der dir Unrecht tat, schon gestorben ist, mußt du ihm vergeben. Wenn nicht, wirst du unvermeidlich den Folterknechten übergeben werden!

Bitte Gott darum, daß Er dir die Menschen zeigen möchte, gegen die du Bitterkeit im Herzen hegst, damit du ihnen vergeben kannst. Der Heilige Geist wird dann schon Seines Amtes walten und dir offenbaren, gegen wen du noch Ressentiments hast. Vergib allen solchen Menschen von ganzem Herzen. Gott wird dir die Gnade dazu geben!

„Ich werde durch die vielen sexuellen Versuchungen, die stets auf mich eindringen, sehr entmutigt und innerlich aufgewühlt. Ich möchte so gern ein reines Herz haben, aber die Versuchungen sind mir zu stark."

Denke in erster Linie daran, daß eine Versuchung noch keine Sünde ist. Sie wird erst dann zu einer Sünde, wenn du nachgibst! Alle Christen werden versucht, aber sie sündigen nur dann, wenn sie auf die Versuchungen eingehen. Mein früherer Pastor, M. E. Ramey, sagte immer: „Du kannst die Vögel nicht daran hindern, über deinem Kopf zu fliegen, aber du kannst sie daran hindern, in deinen Haaren ein Nest zu bauen."

Bedenke: „Gott ist treu, der euch nicht über eure Kraft versuchen läßt, sondern mit der Versuchung auch ihr Ende schafft, so daß ihr sie bestehen könnt" (1. Korinther 10, 13). Gott hat gesprochen, und Er kann niemals lügen! Wir werden keine Versuchung erdulden müssen, die über unsere Kraft geht!

„Selig ist der Mann, der die Anfechtung erduldet; denn nach seiner Bewährung wird er die Krone des Lebens empfangen, die Gott denen verheißen hat, die Ihn liebhaben" (Jakobus 1, 12). Gott wird alle segnen, die Versuchungen ertragen und durch ihre Liebe zum Herrn und zu Seinen Geboten überwinden!

Du mußt dabei wissen, daß Sex an sich keine Sünde ist. Er ist eine sehr schöne Funktion unseres von Gott geschaffenen Leibes. Doch zeigt uns die Bibel sehr klar, daß diese Gabe Gottes nur in einem bestimmten Bereich gebraucht werden darf, nämlich in der Ehe. „Die Ehe soll bei allen in Ehre gehalten werden, und das Ehebett soll rein bleiben; denn die Unzüchtigen und die Ehebrecher wird Gott richten" (Hebräer 13, 4).

Wenn du gottesfürchtig bist und dem Herrn gefallen möchtest, wirst du dich davor hüten, außerhalb deiner Ehe irgendwelche sexuelle Beziehungen einzugehen. Wenn du unverheiratet bist, wirst du bis zur Ehe warten, bevor du diese Gabe Gottes in Anspruch nimmst. Diese Art Gemeinschaft ist nur für Ehepartner bestimmt!

Ich kenne einen jungen Pastor, der einmal durch das glänzte, was er *nicht* tat! Ich nenne ihn hier Stephan.

Stephan war ein dynamischer, junger Prediger, etwa 30 Jahre alt und sehr erfolgreich im Dienst. Seine Gemeinde hatte etwa 250 Mitglieder, darunter eine begabte junge Frau, die sich sehr für die Gemeinde engagierte. Diese Frau machte einen sehr frommen Eindruck und schien den Herrn im Gebet zu suchen. Doch war sie mit einem Mann verheiratet, den sie einen „geistlichen Versager" nannte. Er war zwar auch Christ, lebte aber nicht auf demselben Niveau wie seine Frau.

Nach einer Weile jedoch entdeckte die junge Frau, daß ihr Pastor für sie „gerade der Richtige" sei, was seine geistliche Einstellung betraf. Außerdem war er ja attraktiv und hatte eine angenehme Persönlichkeit.

Eines Tages bekam Stephan eine Einladung, dieses junge Ehepaar in ihrem Heim zu besuchen. Vielleicht hatte die Frau die Einladung vorher so geplant, daß ihr Mann gerade zu dem Zeitpunkt nicht zu Hause sein würde. Auf jeden Fall bekam das Stephan bald zu hören, als er in dem Haus ankam.

Die Frau nutzte die Zeit, um Stephan zu erklären, welchen Kummer sie mit ihrem Mann habe. Dann fing sie an, ihm als Pastor große Komplimente zu machen, so daß er nicht umhin konnte, die Gefahr zu merken. Er wußte, er mußte das Haus jetzt sofort verlassen! Er stand auf und eilte zur Tür, doch griff ihn die junge Frau am Ärmel und hielt ihn fest. Dann schaute sie ihm in die Augen und appellierte: „Ich brauche dich doch so sehr. Ich will dich so sehr haben. Nimm mich doch bitte!" Nun war es soweit; beinahe wäre ein Mann Gottes ruiniert gewesen. Aber Stephan siegte, indem er schnellstens das Haus verließ! Er erzählte mir die Geschichte etwas später und gab zu, daß er in dem Augenblick der Versuchung eine schreckliche Qual durchgemacht hatte. Es war ihm nicht leicht gefallen, so ohne weiteres diese Frau zu verlassen.

Wir fuhren zusammen aufs Land, damit er mir ausführlich sein Herz ausschütten konnte. Er brach in Tränen aus. „Bruder Gossett, ich möchte lieber sterben als Ehebruch begehen und eine solche Schande über meinen Herrn und meine Familie bringen." Ich betete mit ihm und dankte dem Herrn, daß er meinem Bruder den Mut gegeben hatte, dieser Versuchung zu widerstehen. Wie Josef im Alten Testament hatte auch Stephan einen mächtigen Sieg errungen.

Auch du kannst heute widerstehen, wenn die Welt dich zu „freiem Sex" und unsauberer Leidenschaft ruft. In Christus kannst du den Sieg davontragen!

„Mein ganzes Leben bin ich von Sorgen und Nervosität geplagt worden. Jetzt habe ich mich bekehrt und möchte davon frei werden. Was muß ich tun?"

Leider haben unzählige Menschen dieses Problem, obwohl es gar nicht nötig wäre. Es ist noch keinem Menschen durch Sorgen geholfen worden! Sorgen haben nie eine Rechnung bezahlt, nie ein Problem gelöst, nie eine Krankheit geheilt. Jesus sagte: „Wer ist unter euch, der seiner Lebensdauer *eine* Spanne zusetzen könnte, wie sehr er sich auch darum sorgt? ... Darum sollt ihr nicht sorgen und sagen: Was werden wir essen? Was werden wir trinken? Womit werden wir uns kleiden? Denn nach dem allem trachten die Heiden. Euer himmlischer Vater weiß ja, daß ihr das alles braucht. Trachtet zuerst nach dem Reich Gottes und nach Seiner Gerechtigkeit, so wird euch das alles zufallen" (Matthäus 6, 27.31—33). Setze den Herrn an erste Stelle in deinem Leben!

In Psalm 55, 23 heißt es: „Wirf dein Anliegen auf den Herrn; der wird dich versorgen und wird den Gerechten in Ewigkeit nicht wanken lassen."

Wie kannst du dir Sorgen machen, wenn Er für dich sorgt? Gott hat eine Lösung für deine Probleme; Er kann dir alles zum Besten dienen lassen! Vertraue jetzt Jesus und wirf dein Anliegen auf Ihn!

Das gilt auch, wenn dein Problem die Nervosität ist. Nervosität entspringt der Sorge und dem Mangel an Gottvertrauen. Das Leben vieler Menschen wird durch sie geplagt. Es gibt so viele Menschen, die sich über alle möglichen Probleme, Personen oder Situationen Sorgen machen, die jedoch keinen Anlaß zu Sorgen geben müßten.

Lies einmal den 91. Psalm durch: „Wer unter dem Schirm des Höchsten sitzt und unter dem Schatten des Allmächtigen bleibt, der spricht zu dem Herrn: Meine Zuversicht und meine Burg, mein Gott, auf den ich hoffe... Er wird dich mit Seinen Fittichen decken, und Zuflucht wirst du haben unter Seinen Flügeln."

Deine Nervosität und innere Aufgewühltheit wirst du erst verlieren, wenn du es lernst, unter Seinen Fittichen Zuflucht zu suchen. Das kannst du, indem du Sein Wort liest und daran glaubst! Gott ist in Seinem Wort. Wenn du dich in den Schutz Seines Wortes begibst, ist Gott selber bei dir. Ich möchte dich jetzt dazu auffordern: Lies das Wort Gottes, konzentriere dich darauf, glaube daran, lebe darin! Dann wirst du über Sorgen und Nervosität und über alle anderen Probleme den Sieg bekommen!

„Ich komme mir so oft wie ein Außenseiter vor, fast minderwertig. Ist das nur Selbstmitleid?"

Der Teufel hat sich darauf spezialisiert, unter den Weizen Unkraut zu säen. Unter Christen sät er besonders gern den Samen des Selbstmitleids. Er stellt einem alle Enttäuschungen groß vor Augen; er hält einem alle seine Schwächen und Fehler vor; er unterzieht einem einer regelrechten Gehirnwäsche, so daß man glauben muß, schlechter dran zu sein als jeder andere Mensch.

Eine Frau, bei der der Arzt einen Tumor feststellt, ist sofort davon überzeugt, daß ihr Tumor ,,größer und boshafter" ist als der aller anderen Frauen. Ich kenne einen Mann, der sich selbst bemitleidet, weil er weder so groß noch so gut aussehend ist wie ein Nachbar. Diese Gefühle des Selbstmitleids sind alle satanischen Ursprungs. ,,Denn wir wissen genau, was er im Sinn hat" (2. Korinther 2, 11).

Der Teufel sagt dir, daß du nicht so gesegnet worden bist wie dieser oder jener aus der Gemeinde. Erkenne an, daß das eine Lüge Satans ist! Du kannst im Epheserbrief nachlesen, wie gesegnet du in Wirklichkeit bist: ,,Gesegnet mit allem geistlichen Segen in der Himmelswelt in Christus Jesus" (Epheser 1, 3). Du hast also genauso viel Segen wie jeder andere Christ, der dir über den Weg läuft. Du bist mit *,,allem* geistlichen Segen" gesegnet worden — könnte es dir überhaupt besser gehen? Du mußt nur beginnen, die Tatsache anzuerkennen, daß dein Leben unter dem Segen Gottes steht. Du bist von Gott reich gesegnet. Er selber hat es gesagt, darum muß es stimmen!

Du protestierst gleich: ,,Ich fühle mich überhaupt nicht so gesegnet, wie du sagst."

Aber Gefühle und Gottes Wort sind zwei Paar Schuh. Du bist so gesegnet, ob du gerade die richtigen Gefühle hast oder nicht, weil das unfehlbare Wort Gottes es sagt! ,,Der Gerechte wird aus Glauben leben" (Römer 1, 17) — nicht aus seinen Gefühlen!

Immer wenn der Teufel dich dazu verleiten will, dich

selbst zu bemitleiden, berufe dich darauf, daß Gott selbst dir den Sieg über jeden Defätismus schenken will. „Gott aber sei Dank, der uns allezeit den Sieg gibt in Christus" (2. Korinther 2, 14).

Sollen wir uns selbst bemitleiden? — Nein! Sollen wir den Herrn preisen? — Ja!

Die Macht des Lobpreises wird immer den satanischen Angriff vertreiben und es dir ermöglichen, Überwinder zu sein!

„Ich habe ein großes Problem mit dem Schlafen. Ich habe alles gegen Schlaflosigkeit probiert — Schlaftabletten und andere Medikamente —, aber es hat alles nichts geholfen. Da ich weiß, wie wichtig der Schlaf ist, möchte ich dich fragen, was du mir raten kannst?"

„Sicherlich gönnt Er Seinen Geliebten den Schlaf" (Psalm 127, 2 — Schlachter-Übersetzung). Gute Nachricht für alle, die nachts wachliegen und nicht schlafen können! Gott gönnt den Seinen den Schlaf!

Der Kampf mit der Schlaflosigkeit findet jede Nacht in Millionen von Betten statt. Dabei ringen die Kraft Gottes und die Macht Satans miteinander. Gott hat den Schlaf geschaffen, und er ist gut. Darum wissen wir, daß der Urheber der Schlaflosigkeit der Teufel sein muß. Jesus zeigte uns, wie Satan ist: „Ein Dieb kommt nur, um zu stehlen, zu schlachten und umzubringen. Ich bin gekommen, damit sie das Leben und alles in Fülle haben sollen."

Satan will dir deinen Schlaf stehlen und somit deine Gesundheit zerstören. Dadurch kann er dir auch deinen Frieden nehmen. Die Folgen von Schlaflosigkeit sind immer nervliche Störung, Depression und Krankheit. Aber du kannst den Satan überwinden, wie Jesus es in der Wüste auch tat, indem du dich auf das berufst, was geschrieben steht. Wenn du dich schlafen legst, wiederhole die Worte: „Sicherlich gönnt Er Seinen Geliebten den Schlaf."

Psalm 4, 9 gibt uns den Schlüssel zum ruhigen Schlafen: „Ich liege und schlafe ganz mit Frieden; denn allein Du, Herr, hilfst mir, daß ich sicher wohne." Friede und Sicherheit sind die Voraussetzungen für guten Schlaf. Bevor du ins Bett gehst, bete alle Ängste, Versagen und Enttäuschungen durch und gib sie dem Herrn ab. Gott wird dir ein reines Herz und einen neuen, beständigen Geist geben (Psalm 51, 12). Dann wirst du echten Frieden empfangen — und auch gut schlafen können. Übe dich darin, dich neben deinem Bett niederzuknien und dich in die Hand des Herrn zu legen. Danach kannst du sicher und ruhig in deinem Bett liegen, denn du weißt: der Herr wacht über dich.

„Ich fahre sehr leicht aus der Haut. Daß es mir so oft passiert, regt nicht nur mich, sondern auch andere auf. Kannst du mir helfen, diese schlechte Gewohnheit zu überwinden?"

Ich war einmal Zeuge davon, wie ein bekannter Prediger einen Zornausbruch hatte und dadurch seinen Einfluß über einen suchenden Menschen verlor. Wir Christen müssen unwahrscheinlich aufpassen, daß wir nicht durch unsere Wutanfälle das Evangelium in Verruf bringen. „Ein Geduldiger ist besser als ein Starker, und wer sich selbst beherrscht, besser als einer, der Städte gewinnt" (Sprüche 16, 32).

Laut Gottes Wort ist die Geduld eine Tugend. Jedoch gibt es tatsächlich Leute, die sogar stolz darauf sind, daß sie so schnell aus der Haut fahren. Aber Gottes Wort verurteilt solche Menschen: „Sei nicht schnell, dich zu ärgern; denn Ärger ruht im Herzen des Toren" (Prediger 7, 9). Gottes Wort sagt, daß du ein Tor bist, wenn du dich schnell ärgerst oder aufregst.

Vielleicht trägst du aber Ärger in deinem Herzen, weil du noch nicht wiedergeboren bist. Kann es sein, daß du noch gar nicht aus Wasser und Geist geboren bist? Du kannst heute noch errettet werden, indem du über deine Sünden Buße tust und glaubst, daß Jesus Christus stellvertretend am Kreuz für dich gestorben ist, und daß Er auferstand, damit du das ewige Leben bekommen kannst (Römer 10, 9). Oder vielleicht bist du schon wiedergeboren, bist aber noch nicht mit dem Heiligen Geist getauft. Du kannst die Geistestaufe empfangen! Lies Sein Wort und nimm diese Verheißung persönlich in Anspruch (Apostelgeschichte 2, 38—39).

Wenn du aber Christ bist, versuche nicht, deinen verkehrten Geist zu rechtfertigen. Manche Christen wollen ihre Fehler wegerklären, indem sie behaupten: „Das kommt, weil ich irisches Blut habe"; oder: „Ich bin wohl typisch deutsch!" oder sogar: „Ich bin Indianer und gerate leicht auf den Kriegspfad!" Solche Christen sollten sich schämen! Wenn wir wirklich wiedergeboren sind, sind wir zu neuen Kreaturen geworden; das Alte ist vergangen, siehe, es ist alles neu! Wir werden aufgefordert, im Geiste zu wandeln — nicht im Fleisch!

Meine Lieblingsbibelstelle findet sich im Psalm 37: „Steh ab vom Zorn und laß den Grimm, entrüste dich nicht über den, dem es gut geht." „Die Frucht des Geistes aber ist Liebe, Freude, Friede, Geduld, Freundlichkeit, Güte, Treue, Sanftmut, Selbstbeherrschung. Gegen all dies ist das Gesetz nicht" (Galater 5, 22—23). „Alle Bitterkeit, Grimm, Zorn, Geschrei und Schmähung seien fern von euch" (Epheser 4, 31).

Überwinde mutig deinen Zorn! „Wer überwindet, der wird das alles zu eigen bekommen, und Ich werde sein Gott sein, und er wird Mein Sohn sein" (Offenbarung 21, 7).

**Weitere Veröffentlichungen aus dem
VERLAG C. M. FLISS, Lütt Kollau 17, D-2000 Hamburg 61:**

Die Verheißung gilt Dir von Michael Harper
Eine praktische Einführung in das Erleben der Kraft des Heiligen Geistes!

Wandelt im Geist von Michael Harper
*,,Voll Heiligen Geistes'' zu sein, ist erst der Anfang einer neuen Lebens-
dimension. Danach müssen wir es täglich lernen, ,,im Geist zu wandeln''.*

Siegesklänge
*Gesang bewegt die Herzen und öffnet sie für das Wort Gottes, Gesang ist
jubilierendes Gebet. Vierstimmiger Notensatz und gut lesbarer Text machen
diese beliebte Liedersammlung in der Praxis so wertvoll!*

Glaube ist Gnade von Dr. Charles S. Price
*Dieses Buch ist ein Klassiker der christlichen Glaubensliteratur. Der Autor
gibt dem Leser eine völlig neue Vision des Glaubens!*

Mit Lobpreis leben von Dr. Judson Cornwall
*ist das ganz andere Lobpreisbuch. Judson Cornwall will Sie aktiv mit hinein-
nehmen in den Lobpreis Gottes. Sie sollen ein Mensch des Lobpreises
werden.*

Von der Zinne des Tempels von Prof. Dr. Charles Farah
*Ein Buch über die Souveränität Gottes, geschrieben für eine Generation von
Gläubigen, die meint, daß Gesundheit, Wohlstand und Glück der Maßstab
für echten Glauben ist.*

Der Schrei des menschlichen Herzens —
ungekürzte Taschenbuchausgabe von ,,Christsein total''
von Juan Carlos Ortiz
*Ein mitreißend geschriebenes Buch über innere Erneuerung durch Jesus
Christus und konsequente Jüngerschaft.*

Lobpreisstraße von Don Gossett
*Für Sie ist in der Lobpreisstraße eine Wohnung reserviert. Ziehen Sie ein! Sie
werden feststellen, daß der Lobpreis Gottes Ihr ganzes Leben verändern
wird!*

Von Gott erwählt von Dr. Charles S. Price
*Lesen Sie diese Autobiographie von Dr. Price. Sein Leben ist ein eindrucks-
volles Zeichen des Wirkens Gottes im Leben eines Menschen, der sich Gott
total zur Verfügung stellt!*

Völlige Erlösung für Geist, Seele und Leib von Dr. Charles S. Price
*Diese Veröffentlichung stellt eine Weiterführung und Vertiefung der Bücher
GLAUBE IST GNADE und VON GOTT ERWÄHLT dar.*

Geistgewirktes Gemeindeleben von Dr. Th. F. Reid und D. Brendel
*Für jeden aufrichtigen und engagierten Christen ist dieses Buch eine Heraus-
forderung! Es wird dem Leser neues, geistgewirktes Leben bringen, die
Gemeinden in Einigkeit, Hingabe und Liebe wachsen lassen.*

Die Apostelgeschichte geht weiter ... Kapitel 29 von Jean Coleman
*Eine amerikanische Hausfrau in Laurel, Maryland, begreift den Erlösungs-
weg, wird wiedergeboren zu einer lebendigen Hoffnung, tritt in ein geisterfülltes Leben ein und schreibt ihr eigenes Kapitel Apostelgeschichte. Lesen
Sie selbst!*

Leben aus dem Wort von Frances Hunter
*ist das alternative Andachtsbuch. Es will Ihr ständiger Begleiter während
vieler Jahre sein.*

Feuer fällt in Los Angeles von Frank Bartleman
*ist das fundamentale Buch über die geistliche Erweckung um die Jahrhun-
dertwende, ein packender Augenzeugenbericht.*

Engel in Aktion von Hope MacDonald
*ist ein fesselnd geschriebenes Buch, das Sie daran erinnern will, daß Ihr
Leben in Gottes Hand liegt.*

Ein Mann nach dem Herzen Gottes: Smith Wigglesworth
von Albert Hibbert
*Ein Buch, das uns helfen will, das Geheimnis des Dienstes, der Vollmacht
und der Kraft von Smith Wigglesworth zu erkennen.*

Unter schallendem Lachen von Dean Jones — Autobiographie
*Die Geschichte einer Verwandlung. Aus einer vollkommen hoffnungslosen
Person wurde ein neuer Mensch, reich in Gott.*

Jesus, hier bin ich, sende mich!
von Pearl G. Young — Autobiographie einer Chinamissionarin
*Ein gesegnetes Zeugnis von einer Magd des Herrn, die sich übte, in Jesu
Gegenwart zu leben und völligen Gehorsam zu leisten.*

Himmlische Fluten für dürstendes Land von Arthur Wallis
*Was erwarten wir für die Zukunft? Eine gewaltige Erweckung, in der Gottes
Volk von neuem anfängt, für Ihn zu brennen.*

Richten Sie bitte Ihre Bestellungen an
C. M. FLISS, Verlag und Versandbuchhandlung,
Postfach 61 04 70, Tel. 0 40 / 58 64 92, D-2000 Hamburg 61